U0723096

FOCUS ON EDUCATION

听
程红兵老师
说课评课

程红兵◎著

长江出版传媒

长江文艺出版社

图书在版编目（CIP）数据

听程红兵老师说课评课 / 程红兵著. -- 武汉：长
江文艺出版社，2017.6(2022.11 重印)
　　（大教育书系）
　　ISBN 978-7-5354-9694-2

　　Ⅰ. ①听… Ⅱ. ①程… Ⅲ. ①中学语文课－教学研究
Ⅳ. ①G633.302

　　中国版本图书馆 CIP 数据核字(2017)第 105806 号

听程红兵老师说课评课
TING CHENG HONGBING LAOSHI SHUOKE PINGKE

责任编辑：秦文苑　　　　　　　　　责任校对：毛季慧
装帧设计：天行云翼·宋晓亮　　　　责任印制：邱　莉　胡丽平

出版：长江出版传媒　　长江文艺出版社
地址：武汉市雄楚大街 268 号　　　　邮编：430070
发行：长江文艺出版社
电话：027—87679360
http://www.cjlap.com
印刷：武汉市首壹印务有限公司

开本：710 毫米×970 毫米　　　1/16　　印张：14.25　　插页：1 页
版次：2017 年 6 月第 1 版　　　　2022 年 11 月第 7 次印刷
字数：152 千字

定价：36.00 元

版权所有，盗版必究（举报电话：027—87679308　　87679310）
（图书出现印装问题，本社负责调换）

用大众立场看大家作品

——长江文艺出版社"大教育书系"序言

教育是世界上最特别最奇妙最千变万化的事情。

世界上任何变化，政治的、经济的、社会的、科技的……桩桩件件，都会发生蝴蝶效应，都会对教育产生这样那样的影响。所以，教育总在变化着。比如，计算机的出现，网络教学的流行，未来的课堂教学模式将发生根本的变革。当粉笔距离我们的讲台渐行渐远，未来的纸质书籍的阅读是否也会逐步让位于电子书籍？甚至，翻译机器可以完成基本的交流沟通时，语言教学是否也可能变得不再重要？这些已经发生的、即将发生的、可能发生的改变，让我们的明天变得不可预知。

同时，教育也是最坚韧最牢固最不会变化的事情。

万物改变迅捷，人性进化缓慢，教育因此万变不离其宗。所以，古今中外，人同此心，心同此理，人的身心发展的特点，人的学习与成长的过程，有着普遍规律可循。所以，无论我们读两千多年前的《论语》、《学记》，还是读近百年来的杜威、苏霍姆林斯基，总觉得是那么亲切，离我们今天的教育是那么近。所以，我们只需稍稍去芜取精，就能将其中的绝大部分原理再度运用于教育教学实践，就会发现这些原理依然生命常青。也正是这个原因，百年来中外教育家的杰出著作，仍然活在当下，仍然对我们的教育具有重要的作用。

长江文艺出版社的这套"大教育书系"，正是围绕后者而努力。

最初看到"大教育书系"的选题策划，是在年初的湖北长江出版集团的选题论证会上。坦率地说，当时的感觉不是很好。认为主题不够突出，选择人物看不出逻辑，选择标准不够清晰，而且大部分书是重新出版。

后来长江文艺出版社总编尹志勇来信告诉我，其实，"大教育书系"有自己的主题和逻辑。之所以命名为"大教育"，首先是选择教育家的范围之大。书系将遴选从近代到当代的中外教育名家的代表性著作或新作，梳理中外现代教育的发展轨迹，并展示近一个世纪以来的教育所取得的成果。其次是读者群体之大。书系针对不同的读者群，主要有三个方向：一是针对中小学老师的教师培训，阐述现代教育理念，解决教育实践中面临的具体问题，培养优秀教师。二是针对父母的家庭教育，用现代的教育观念和手段影响父母，使父母成为教育体系中的重要且有效的环节，培育青少年的健康成长与全面发展。三是针对中小学生以及学前儿童的学生教育，帮助学生提高学习效率，学会交往合作，学做现代公民。一句话，是用大众立场看大家作品。

至于选择的标准，他们提出了三条原则：一是作者具有足够影响力。所选作者应该是国内外被公认的教育名家，产生过广泛而深远的影响。比如陶行知、陈鹤琴、蒙台梭利等。二是突出实践性。所选作品能够深入浅出，具有可操作性，在作品风格方面，力求通俗化、大众化，做到理论与实践的有机统一。三是强调创新性。在遴选经典的同时，也推出当代在教育理论或实践方面有一定建树、观点新锐、富有探索精神且得到公众认可的作品。

所以，虽然我在作这序之时，尚无法看到书系的全貌，也无法估计书系的最终体量，但是能够感觉到出版方用心良苦，感觉到他们的宏大愿景。大浪淘沙，那些真正能够不断被人们捧起的书籍，总是有其强大的生命力的，总能冲破时间与空间的束缚到达我们的手中，抵达我们的心中。倘若教师、父母、孩子三方真正缔结为教育的同盟军，那时教育势必突破困局，得以成长壮大，成为现实生活中的真正大教育了。祝贺大教育书系诞生，更期盼现实大教育的来临。

是为序。

朱永新

目　录

第一章　说课

好课的听、看、说

听——学生在课堂上希望听到三种声音

掌声。发自内心的掌声让课堂有意义。孩子们希望在课堂上能听到来自老师或者同学的深刻而精彩的见解，简便而有效的解题思路和解题方法，能让自己有所感悟。

学生在你的课堂上听了半天，然而一句精彩的话都没听到，一次可以，两次可以，十次、二十次他就会很失望。如果你从外地赶到北京去听专家讲课，没有一句话能打动你，你也会感到很遗憾。我们的孩子有这样一种期盼，有这样一种要求，其实非常好理解。

我听小学和初中的课，发现当学生回答问题正确时，老师就组织学生鼓掌，而且这个鼓掌很有节奏感。但是这是组织起来的，不是孩子们发自内心的掌声，这个掌声的意义就显得不一样了。

笑声。学生们希望听到生动而精彩的课，这会让他们产生兴趣。我们曾经做过调查，问孩子们最喜欢什么样的老师，学生回答："最喜欢有幽默感的老师。"这是有道理的。很多老师希望从上午的第一节课开始，到下午的最后一节课结束，学生的注意力都能高度集中，这可能吗？不可能。孩子是要走神的，是要休息的。优秀教师上课上到一定程度的时候，会有意识地开个玩笑，把全班同学逗笑了，让孩子们的大脑集体放松一下，然后重新回到课堂，大家才会感到神清气爽。

复旦大学有一次组织学生无记名投票，学生喜欢哪个教授的课，就可以把票投给那个教授，最后选出受学生欢迎的十大人气教授。得票最多、排在第一位的是陆谷孙教授，很多人用过他的书，他是《英汉大辞典》的主编。有人问："陆老师，您的课为什么让学生们这么喜欢？"陆老师想了一下说："我每堂课一定要让学生大笑三次。"

辩论声。今天的学生主体意识已经觉醒。今天的学生和过去的学生不一样了。我们当年读书的时候，老师说什么就是什么，老师上课讲什么，我们就记什么，最后考试就考什么。但今天的孩子不一样，个人的主体意识觉醒了，他们希望说一点自己的看法，说一点和老师不一样的观点、和教材不一样的观点，甚至想和老师辩论一番。这是成长的标志。如果班里没有这样的孩子，我们倒要反思一下自己的教学有没有问题，我们是不是压抑了孩子。

2008年上海市选了十位校长到美国加州去考察。我们到了加州理工学院，参观了一个著名的心理实验室。上课过程中，学生头上戴了一个像帽子一样的仪器，老师在电脑屏幕上点到谁，就能知道那个学生的实际情况——他的思维是空白的、困顿的，还是非常活跃的、流畅的，马上就能看出来。他们经过大样本的调查研究发现，课堂教学中什么时候学生思维最活跃？一定是学生在辩论的时候。什么时候教学效率最高？一定是学生跟老师进行辩论的时候。

想想看，当孩子和老师进行辩论的时候，他会把自己大脑中所有的细胞全部激活，想方设法地战胜老师。所以他的思维非常活跃，教学效率也相应最高。很多有经验的老师在上课过程当中会有意识地、故意地留一个破绽给学生，让学生跟他进行辩论。一辩论，学生就充分活跃起来了。

看——关注课堂上的三个细节

关注思维方式。一般来讲，很多数理化老师都是这么上课的，先讲定义、定理、公式，之后带着学生解例题，解完例题以后再去做作业。公式、定理是什么？就是一般规律。具体题目是什么？是个别现象。由一般到个别，就是演绎法。演绎法可不可以？当然是可以的。演绎法有没有问题？当然是有问题的。如果你永远使用演绎法进行教学，就会带来一个新的问题——高分低能。学生只有掌握了一个公式，然后才能去解决一个与此相关的具体问题。面对一个新的问题，学生永远无法去解决它。

芬兰有一位数学教育家说，在数学公式、数学定理和生活现象之间有一条鸿沟，数学教育的任务就是把这个鸿沟填平。把生活现象和公式、定理之间的鸿沟填平，这就是数学教育应该做的事情。但是如果我们始终采用演绎方式的话，这个鸿沟不但没有填平，反而在不断地扩大。

有一位数学老师喜欢采取归纳法进行教学，他从生活中的一个现象出发，然后让学生归纳出一般的定义，比如什么是解方程，什么是方程解，然后再对照书本的定义，从个别上升到一般，最后给学生许多练习题，让孩子们自己去判别，由一般再回到个别。我觉得这样一种思维方式，我们的课堂教学应该提倡。要让孩子面对生活，面对现象，而不是直接面对公式。

关注课堂的开放度。比如数学老师问一句"还可以怎么计算"，就可以为学生打开一扇小小的窗户。过去我们不太关注课程资源的开发；今天我们的课程改革强调要关注课程资源的开发。过去我们说"教科书是学生的世界",学生看来看去就看教科书;今天我们讲,"世界是学生的教科书",一切可以利用的资源都可以拿来为我所用。

有一个英语老师正在板书,一个学生用笔在桌上敲打起来。老师听到以后,说了一句很幽默的话:"英语课是不需要伴奏的。"敲击声就悄然隐去,孩子们也笑了,那个捣蛋的孩子做了一个鬼脸。而他做鬼脸的动作恰好被老师捕捉到了,老师马上边模仿边说了一句话:"Make a face,这就是做鬼脸。"孩子们无意之间学到了一个新的英语短语,这个老师为学生打开了一扇小小的窗户。

关注旁例和反例。有一个理论叫作变异理论,什么意思?你要想正确认识事物的关键属性,还需要理解该关键属性的变异形式,以加深对该属性的理解。也就是说,还要了解它不一样的地方,变化的地方,相反的东西,要关注旁例或者是反例,然后再加以对比,从而达到对于关键属性的辨析。

我们有一些老教师这方面做得很好,有一些年轻教师在这方面做得不好。有的老师讲了一道例题,给学生们提供一个配套的跟这个题目完全相似的题目,孩子们也会做了,这样就认为孩子懂了。真懂了吗?稍微变一变,孩子就不懂了,孩子就不会了。换句话说,不让学生了解旁例,不让学生了解反例,是不行的,只有了解了旁例、反例,他们才能真正理解。

所以我们在听课的过程当中,要观察老师是不是只涉及了一个方面的正相关的例子,而没有让孩子们读懂旁例、反例。没有真正教会学生,这堂课就是没有效率的课。变异理论证明,学习迁移的必要条件是同时具备共同性和差异性,既要有相同的,还要有相反的,有差异的。所以从这个意义上来讲,为什么我们很多有经验的老教师课上得好,为什么学生学习效率高，原因就在这里，他们给的不是一个方面的东西，而是多方面的、立体的、全面的。

说——老师的语言有三重境界

第一境界：想得清楚，说得明白。实话实说，如果连这一步都达不到的话，是不适合当老师的。我现在主要是培训老师，可后来我发现，不是所有老师都能培训得出来的。原因在哪里呢？有些老师连基本的条件都不具备的话，你怎么能够培训得出来？

基本条件是什么？第一，你得想得清楚；第二，你得说得明白。

这是当老师的最基本要求，让学生听得懂而且能说得出来。我在建平中学担任校长时招聘教师，复旦大学、上海交通大学、同济大学的一些学生，都会跑来应聘，包括硕士、博士。如果是招聘数学老师，我们就请数学特级教师给他们出几道题目，做两个小时。如果连题目都做不出来，说明他想不清楚，那就不适合当老师；如果做出来了，请他走到班上去，对着学生讲清楚，如果讲不清楚，我们也不能要。

比如陈景润，他大学毕业以后被分到北京最好的高中——北京四中，这也是全国最好的高中。陈景润是解题高手，什么题目到他手上很快就做出来了，这说明他想得清楚。但是面对北京四中这么好的学生，他讲完了之后居然没有一个学生听得懂，他就是说不清楚，他是不适合当中学老师的。后来他到了中国科学院数学研究所，但教学能力的缺失不妨碍他成为数学家。

第二境界：声情并茂、传神动听。让学生如闻其声、如见其人。

我们今天很多人在谈课程改革、教学改革，其中一个观点就是把课堂还给学生，这当然很有意义，但是我们也发现，现实教学中我们有些老师变得不会说话了，这可能会造成新的问题。语言除了要准确精炼之外，还要有一定的艺术性。语言是艺术，艺术的语言具有感染力，老师的语言能够做到生动传神，悦耳动听，能够把孩子的情绪调动起来、思维调动起来，能够让孩子激动，能够让孩子产生强烈的兴趣。

第三境界：老师言有尽，而意无穷。老师在课堂上讲的话很少，寥寥数语，但是包含了无穷的意思，老师三言两语却打开了孩子们一扇扇思维的窗户、想象的窗户，让孩子们尽情地思考、充分地想象，思也无涯，这是教师课堂语言的最高境界。

规范课堂的意义

好的课堂有三个层次：规范课堂，高效课堂，智慧课堂。三种课堂都是好课，但有层级差异。首先我们必须搞清楚什么才是最基本规范的课堂。

规范的课堂有自己的基本要求，如目标要适当。教学目标是聚焦在学生的行为上而不是简单地聚焦在教材上，是教师要让学生做什么、完成什么、学习什么、做好什么。规范的课堂首先内容要恰当，教学内容要正确、科学，要体现学科要求，而现在课堂教学改革有些老师却偏离了学科内容的基本要求。同时方法要得当。要自然得体，现在课堂改革有些老师学了许多专家、名师的教学方法，却也存在很多问题，如有的老师上课像表演，学歌星、影星的一套做派，不自然，不得体。

一、目标要适当

教学目标用什么表示？应聚焦学生的行为，即用可以观察到的学生学习行为来表述、证明。还可以进一步具体化，列出完成行为的条件，将学生完成行为所需的条件具体化，即让学生借助什么完成什么。目标越具体，课堂教学越有效。

二、内容要恰当

恰当的内容，需要内容要科学、正确、有意义。但课堂上无意义的提问和课堂设置却比比皆是。

某地的一位政协委员给出 2010 年某地幼儿园升小学的测试题，让与会的政协委员做。

题目是：1 到 9 九个数，按照要求给它们分类，比如"1、3、5、7、9"，"2、4、6、8"是按照奇数、偶数来分，那如果是"1、3、7、8"，"5、9"，"2、4、6"是按照什么将它分成三类的？

一个政协委员说："这是一个心理学实验嘛。1、3、7、8 是奇偶混搭，5、9 是纯奇数组，而 2、4、6 是纯偶数组。"这个答案被否定掉了，其他委员给出的各种各样的答案都被否定了。而所谓正确的答案却是"按照拼音来分的。1、3、7、8 都是一声，5、9 都是三声，2、4、6 都是四声……"这很显然是语文老师出的怪题，毫无意义，这样的试题方向偏了，它考不出学生的真实水平。

更有某校高中历史模拟考试题目是这样的："黄花岗起义第一枪是谁开的？"孩子们经过复习都知道是黄兴开的。哪知道题目没完，继续问："黄花岗起义第二枪是谁开的？"孩子们愣住了，一般都是只记住第一，没有人会想到记住第二。题目还没完，继续往下出："黄花岗起义第三枪是谁开的？"所有考生彻底晕倒。如此怪题学生无从回答，同学们愤愤不平，下课找历史老师评理，历史老师找出教材书，上面写着"黄兴连开三枪，揭开了黄花岗起义的序幕"，以此证明他出的题是有依据的，没有超纲、没有超本。弄得学生哭笑不得，这样的题目有意义吗？这究竟要把学生往哪儿引呢？

内容恰当与否还要考虑是否基于学生，老师教给学生的内容要根据学生的情况来确定。

三、方法要得体

课程改革之后，很多老师们努力想改进教学方法，但有时却做得不得体，不自然，完全没有达到预想的效果，反而显得很尴尬。

有个青年男老师借班上课，一上来就莫名其妙地提了一个问题："同学们，你们看我长得怎么样?"教师说出这样的话语，你说让孩子们怎么回答呢?说你长得帅，其实你也不帅;说你长得丑，其实你也不丑。我们绝大多数男老师的长相都是这样的。孩子们无法回答老师的问题，老师只好自己说了："我很丑。"这明显是自我贬损。他说这句话不是目的，他是为了带出下面一句话来，"但我很温柔。"一个男老师怎么说出这么娘娘腔的话来，让人听了浑身难受。他这句话还不是目的，他是为了引出下一句话来，下一句是："希望同学们能够在我温柔的课堂上诗意地栖居。"听完这句话我什么感觉?浑身鸡皮疙瘩都起来了，很不得体，非常做作。课堂教学开头固然重要，但一定要自然、得体。

一次，二年级学生正在学习《带着尺子去钓鱼》一文。文中说，在丹麦，钓到 22 厘米以下的鱼必须放生，否则就会受到严厉的惩罚。教师在不该提问的地方问学生："他们会受到怎样严厉的惩罚呢?"小学语文老师咬文嚼字的能力很强，问话的逻辑重音落在哪里，常常就是答案的方向所在，学生经过老师多次训练已经搞得非常清楚。这一次教师问话的重音落在"严厉"上，第一个学生大胆想象："把钓鱼人丢进海里! 没收他所有的钱!"教师摇了摇头，学生一看老师摇头，以为惩罚力度不够。第二个学生说："让他坐牢 20 年。"教师一听不是答案，又摇了摇头。第三个学生再次加码："判他无期徒刑。"教师还是没有反应，仍然继续摇头。最后一个学生只好说："枪毙!"很显然这个答案是被这个老师不断摇头摇出来的。

怎样评价这节课呢？一句话："没文化。"这节课的教学目标之一是让学生懂得公民应遵循法律，但学生的回答恰恰是随心所欲、草菅人命。从教学技术的层面上说是教师在不该设问的地方设问，而当学生回答偏离轨道时，没有及时把他们拉回来。

台湾黄炳煌说：打高尔夫球，只要自己打得好即可；打网球，还要留意对方，有来有往；打篮球，还要兼顾团队成员的合作。一些教师采用"打高尔夫球"的教学法，有去无回，根本不注意学生反应；也不注意学生团队合作。

高效课堂的三个纬度

何为高效的课堂？准确的理解，课堂教学应该做到低投入，高产出。但现今我们许多课堂却是高投入，低产出。

上海最近 PISA 考试两次都荣获了第一，我们可以认为是高产出，但又是高投入，因为上海学生学习时间远超过欧美学生。

高效课堂至少要有三条标准：目标精确，即要有水平要求，水平要求就是对时间、数量、质量有具体的要求，而我们多数老师没有；内容精当，即目中有人，高效课堂的教学是目中有人的教学，是基于学生的教学，是服务于学生的教学，是促进学生发展的教学，是根据学生的实际设计的教学；方法精准即心中有数，就是有差异，要针对学生的差异进行有效的教学，即用不同的方式教不同的学生。

一、目标精确，是对教学做出水平要求

目标精准的课堂，需要有明晰的时间概念、数量概念和质量要求。

如在英语课上，学单词，老师事先设定了一个水平要求的目标，"学生对所学单词的拼写准确率要达到 90% 以上"。有这个数量概念，并告知学

生，师生一起努力达成，这堂课就会有比较高的效率。

而有位历史老师定位一堂课的目标是：上完这堂课之后孩子们不看笔记，应该能写出引起第一次世界大战的五个主要原因，而且对每个原因进行评论性解释，全部完成时间 30 分钟。这个目标有时间概念"30 分钟"，有数量概念"五个"，有质量要求"评论性解释"。这样的教学目标清晰，效率自然提高。学生的时间不是取之不尽用之不竭的，如果没有水平要求意味着这堂课肯定是低效的甚至是无效的。

二、内容精当，课堂上真正做到目中有人

课堂不是流于形式的表演和自说自话，它需要内容是针对学生的教学，基于学生的教学，做到目中有人是高效课堂的第二个要求。

记得一位年轻的女教师上初中语文古诗复习公开课，她给孩子们出了一个上联："同学是小荷才露尖尖角，早有蜻蜓立上头"，要求学生用学过的古诗对出下联。一位学生经过思考说："老师是满园春色关不住，一枝红杏出墙来。"全场听课的人哄堂大笑，这位女老师毫无思想准备，两颊绯红，不知如何应对，非常尴尬。

应该说这个老师是备课了，这堂课开头设计的是一个很好的开放性的题目，学生会有多种答案。但老师备课时，没有备学生，如果备学生就会预测学生可能回答的答案，就会有所准备了。因此备课要备学生，课堂教学要"打开"，"打开"的课堂会引发学生的各种思考，但也会有意外，这对老师是个挑战。教师要善于因势利导，教师如果跟进问："你能不能说说你为什么这样回答？"老师就能找出学生思维过程的问题，针对性地加以指导。事后我们问这个学生为什么那么回答，这个学生说："这位老师心地善良，待我们很好，而且老师长得像杏花一样美丽，我们很喜欢她。今天有

这么多人来听课，说明老师影响在外，这不就是红杏出墙了吗?"他的问题在于不懂得"红杏出墙"在中国文化中还有另外一层含义，而只有找出问题所在，才可以针对性地加以指导。

三、方法精准，做到过程、效果心中有数

麦黑尔"差异教学法"，要教约翰数学，不仅要了解数学和约翰，还必须了解如何帮助约翰用他自己的方式学数学。针对学生的差异必须采取不同的教学方法，分层教学就是针对学生的差异开展的教学，特需课程也是针对学生的差异进行教学。

有位数学老师上课，她让差生演板，让中等生纠错，让优秀生介绍更加简便有效的解题思路、解题方法，这一举措覆盖了全班不同层次的不同学生，真正做到了让每一个学生都得到发展。

课堂教学三元素，即教师、学生和教材，因此存在3种组合方式：教师带着教材走向学生，教师带着学生走向教材，学生带着教材走向教师。

教师带着教材走向学生。这种课堂以教师为中心，根据教师的教学设计一步步展开，按照既定的轨道往前推进，如果学生偏离了，老师立刻牵引回来。经验丰富的老师执教这种课堂驾轻就熟，上课的铃声响了，教师第一句话开始说；教师最后一句话刚一结束，下课铃声即时响起。整堂课几乎没有一句废话，效率非常高，其直接原因就是老师强势主宰课堂、控制课堂，把握话语权。而学生始终处于被动状态，学生被老师牵着走，这是典型的教师为中心、教材为中心，是传统课堂中的高效课堂。新课程改革并不主张这种课堂。

教师带着学生走向教材。针对传统课堂教师为主的问题，新课程改革倡导学生为主体、教师为主导，教师是课堂学习活动的组织者，成为导游，

学生是课堂学习的主体，像蜜蜂一样在教材中采蜜，在课堂中师生互动，教师引领学生走进文本深处，教材深处。

下面我们来看看"只有一个地球"课例的比较。

课例之一：

（学习文章第一段后）师：你们觉得地球美吗？

生齐：美。

师：你们能美美地读一下这一段吗？

生齐：能。

师：谁来读？

生踊跃举手，师指名读。

师：你读得不错。谁能再有感情地读一下呢？

一生读。

师：你读得真有感情。……

这就是教师带着教材走向学生，教师设计的问题简单平白，学生无须思考便可直接回答，教师牵着学生走，学生完全处于被动。

课例之二：

特级教师支玉恒老师的教学情景。

师：你读了这篇课文后，会有什么滋味？

生：甜甜的滋味。

师：哪里让你感受到甜甜的滋味？（老师顺着学生走，而不是牵着学生走）

生：文章第一段。

师：你能把它甜甜地读出来吗？（又是老师顺着学生走，而不是牵着学生走）

生读。

师：你为什么在"薄薄的水蓝色纱衣"这里读得很轻很轻呢？（老师追问，让学生理性思考）

生：我感觉就像一个母亲看到婴儿，非常喜爱，好像怕吵醒他那样，所以轻轻地读。

师：你的感悟真深啊！谁还能读出自己所理解到的甜甜的滋味？……

同样的课文，同样的内容，不同的方法产生不同的效果，差异很大。支玉恒老师的课充分尊重学生的主体性，设问具有开放性，需要思考才能回答，教师顺着学生走，而不是牵着学生走，学生从被动回答问题变为主动阐述自身的感悟，很有深度。

学生带着教材走向教师。学生是学习的主动者，自己学习，自己设问，自己思考，自己解决问题，当思考无法深入之时，遇到无法逾越的障碍之时，向老师请教，这是课堂教学的最高境界，但并不是所有课堂、所有同学都能实现的，难度很大。牛津大学著名教授斯梯温说："我可以把马领到河边，但我无法保证他们都喝水。"当下教师在促进学生自主学习方面尚缺少一些实质性的进展。

教师在课堂学习的过程中所应该起到的主要作用在于：于无向处指向，于无法处教法，于无疑处生疑，于无力处给力。

评价课堂，过去我们总是看教师的讲解精彩度，老师讲解的精彩就是好课，今天我们应该看学生的参与度，学生深度参与的课才是好课；过去我们总是强调教学环节的完备性，环节完备就是好课，今天我们更应该考虑教学结构的合理性，结构合理才是好课；过去我们总是看课堂教学的活跃度，以为活跃的课堂就是好课，今天我们更应该看每个学生是否真正进入学习状态，进入状态才是好课。

智慧的课堂需要什么智慧？

杜威说："不断改进教学方法的唯一的直接的途径，就是把学生置于必须思考、促进思考和考验思考的情境之中。"课堂教学最重要的就是要创设思维情境，促使学生走进课堂积极思考。杜威还说过："困惑是思考的不可或缺的刺激。"学生所思考的问题是有价值的问题，也是有一定难度的问题，没有难度的问题，就不能激发学生思维的火花。

当我们评判一个课堂，是否饱含智慧时，可以用下面几个标准来衡量：思维层次是否更高？开放程度是否更广？文化意味是否更浓？

一、思维层次

思维是很奇妙的东西，它能被奇妙的诱因诱发出无限的想象力和逻辑性，也可能被刻板的条框和引导限制得丝毫没有生气。我们以下面一节生物课为例。

很多初中生物第一课，教学内容都看起来枯燥和乏味：生物的定义和判断标准。我们不妨预先设想一下：这一课的内容非常浅显，教学方法好像也只能是单一的，那就是就概念来说概念，从理论到理论，用概念解释概念，一石一鸟，而且第一课显然不可能靠实验来吸引学生，看来注定是枯燥乏味的。我们有办法突破吗？

美国生物教师萨拉的生物第一课是这样开头的。课一开始萨拉老师就向学生提出了一个匪夷所思的问题："太阳——是活的么？"多么漂亮的问题！所有的孩子从来没有想到过这样一个问题，所有的学生眼睛都亮了。有的学生说："是活的！"有的学生持完全相反的观点："肯定不是活的！"双方之间完全对立，互不相让。另有一部分学生，不能断言，不知所措。

接下来萨拉老师让学生按主张分组。主张"不是"的为 A 组，站到教室左边。主张"是"的为 B 组，站到教室右边。拿不定主意的为 C 组，站在教室中间。萨拉老师要求学生用 5 分钟时间组内磋商，然后萨拉请 A、B 两组对阵辩论，让他们轮流逐个发言，尽最大努力说服 C 组同学加入自己一方，辩论也等于是向 C 组发动攻势，最后比较哪个组争取 C 组学生加盟自己这一方的多。

A、B 两组的孩子们使出了浑身解数。A 组学生说："想想看，太阳怎么会是活的呢？它会喘气吗？它会走路吗？它会说话吗？它会想事吗？"好像都不会，A 组学生振振有词，咄咄逼人。哪知道 B 组学生立刻钻到空子："植物是活的，你觉得它会想事还是会说话了？"的确如此，植物显然不会说话。A 组学生说："哈哈，猪笼草就挺会'想事儿'的，粘苍蝇吃还不聪明吗？"B 组学生话锋一转，提出新的论据："太阳会发光发热，没生命的东西，比方石头，就不会发光发热！"A 组学生立刻反驳："嘿，煤一点着不也会发光发热，你不会认为它是活的吧？（有人小声附和：还有微波炉呢！）"

　　B 组学生说："太阳是恒星，恒星总有一天会'死'，变成白矮星和黑洞什么的，既然会死，现在想必是活着的嘛！"这是用倒推的方式得出结论。A 组学生以其人之道还治其人之身，说："手机要没电了咱们还说它'死了'呢（英语里没电用"die off"这个词），难不成你觉得你的手机这会儿是活的？"A 组学生说："生物都会繁殖，太阳可不会生小太阳！"B 组学生说："谁说生物都会繁殖，骡子会吗，狮虎兽会吗？"显然它们都不会，骡子是马和驴交配的产物，狮虎兽是老虎和狮子交配的产物……

　　C 组渐渐分化着，不少学生加入了他们赞同的一方。但也有不肯轻易屈从的中坚分子。他们觉得 A、B 双方谁都有点儿理，但都还不够充分。一个 C 组小姑娘严肃地问："你们争太阳是不是活的，'活'的标准又是什么呢？"才准备鸣金收兵的对阵双方顿时又来劲儿了，A 组学生说："活的就要会呼吸，会繁殖。""活的就是会新陈代谢！"B 组学生说："活着就是要和周围有能量交换。""会死的东西才算活着！"

　　萨拉教师不失时机地收了网："争论的焦点其实不是太阳，而是'活'的判断标准。A 组的'活'，是生物学标准，B 组的'活'，是天文学标准。"当教师说到"能够繁殖"这条标准时，争上了瘾的孩子们又逮着机会了："是生物就会下崽儿吗？那骡子跟狮虎兽它们只能算非生物喽！"被逼得"走投无路"的萨拉笑着"投降"，反手又送出一招："科学分类标准本来就是人定的，大自然那么复杂，人定的条条框框难免会有漏洞，有例外！"

这堂课是非常经典的课例，着眼于学生的思维训练，从课堂实施的角度而言，萨拉老师成功地激活了学生的思维，学生变被动接受为主动思考。

萨拉老师课堂开头的设问就非常成功，打破程式化的理论解释，用一个新奇的、让人困惑的问题激发调动起所有学生的兴趣，一个问题激活全班同学，把全班同学放在必须思考的情境之中，接下来 A、B 两组的相互辩论，就是相互促进对方思考，相互检验对方的思考。

值得一提的是整堂课有三个地方挑战教师并考验教师，其一，在学生就事论事辩论一阵之后，有一个 C 组的学生提出"活"的标准问题，这个问题提得恰到好处，由刚才的现象辩论，上升到标准辩论。事实上很多课堂学生限于思维能力，只能说到现象为止，那么老师必须点拨到位，要指导学生从现象到本质，从个别到一般。其二，当 A、B 两组各自陈述了各自的标准之后，老师必须加以明确的判断，这是对老师知识学养的挑战。一般情况下，很多老师会给辩论双方一个肯定的判断，草草结束课堂，但萨拉老师说出了非常到位的判断"A 组的'活'是生物学的标准，B 组的'活'是天文学的标准"，今天是生物课，当然以生物学为标准，简明扼要，一语中的，可见萨拉老师的学科功力。其三，是面对孩子的嘲讽"是生物就会下崽吗？那骡子和狮虎兽它们只能算非生物喽"，这对老师又是一次严峻的挑战，萨拉老师从容应对，以退为进，承认客观现实，"科学分类标准本来就是人定的，大自然那么复杂，人定的条条框框难免会有漏洞，有例外！"这句话还有激励的作用，潜台词是"你有本事吗，你想研究吗，今后你去研究探索生物世界的规律，你去发明一个更加完善的生命定义"。从这个意义上说，这堂课里这一个"不确定"的知识（即关于生物学的生命标准不能涵盖"骡子""狮虎兽"），比"确定"的知识点更重要，这个课堂的"留白"或许就能点燃一些孩子从事生物学探究的理想之火。

从学习的效果看，这堂课的意义不仅是学生学习到生物学的生命标准，如果仅从掌握生命标准来看，不需要这么教学，只要让学生翻到教材相关页码，把相关知识点背下来，辅之以相关的练习，就足以对付中考。这堂课的主要作用在于训练学生的思维能力，一是对学生联想能力和类比推理的训练，课堂上学生们相互反驳的那些理由，或许我们会觉得太过浅显幼稚，但其中的意义也是明显的。比如从两个相距较远的"类"中迅速找到共同点（例如：骡子和太阳都不能繁殖、手机和太阳都有能量耗尽而"死"的可能），作为类比推理的起跳板，这种远距离联想能力的培养是十分有利的，或许就会产生创造的火花，引起创新的想象。二是对传统科学观的挑战，传统的看法是辩论双方总有一方是对的，辩论的结果一定是一方胜出，一方败北。但以今天的眼光看，科学争论的结果可能是双方皆输，也可能是两方"双赢"；科学辩论也总会有不能完全被说服的"C组"人士存在，这第三方人士关于对立双方的观点既有认同，也有否定，不是简单地肯定一方，或简单地否定另一方。科学争论即使今天有一方暂时胜出，但未必永远胜出，科学往往没有永恒的胜出者，即使暂时的"输"也未必永世不得翻身。

这节课的区别既在当下，更在日后。一节课，我们或许觉得成效有限，但如果是10节课，100节课，如果萨拉老师在这个班级就这么一直教下去，教完6年中学，可想而知我们的学生将会有怎样的变化，其意义可想而知。

课堂教学的最高境界就是思维自由。美国学者奥斯伯恩在《科学》杂志上提到："科学家的特质之一即具有批判性和理性质疑精神，学生缺少发展科学辩论能力的机会，是现代教育的重大弱点。"尤其是中国教育，中国学生的问题在哪里？《中国青年报》曾经刊登了一篇题为《应试套路对付不了美国高考》的文章，中国学生SAT（Scholastic Assessment Test）的平均分数为1213分，美国学生SAT的平均分数为1509分，差距高达近300分。差在哪里？中国学生最大的问题出现在"比较和评价论点"这类题型中，因为这类题目需要学生剥离表象去探求文章的"前提假设"，同时对比不同作者的观点，"比较与评价"乃"批判性思维"的核心。

中美考试的根本差别在哪里？中国的高考是面向昨天的考试，考查的是学生中学所学，评价学生对所学知识掌握的程度；我们只教给学生知识，没有培养思维能力。美国SAT则是面向明天的考试，考查的是大学所需，评价学生是否达到学习大学课程的能力。欧美国家更多培养学生的求异思维能力，而中国的教育则重在培养学生的求同思维，学生因此没有自己真实的见解。爱因斯坦说："科学就是反反复复的批判。"美国高中教育目标是培养学生善学、好学的品质和批判性思考的习惯，和面对问题、解决问题过程中执着思辨的情怀。

大凡技能性的东西可以速成，但批判性的思维需要日积月累，从小抓起。课堂的本质就是老师与学生当下的即时性的对话交流，通过对话交流碰撞产生的观点，这是课堂成功的标志。如果学生没有自己的思想，就没有个性，而我们现在的教学从小学到大学都是教给学生一个个套路、模板、标准答案。结果学生没有自己的思想。我们评价学生主要看知识的掌握；而美国考试评价的标准是看学生的思维能力，而我们的学生差就差在思维能力。

中国学生缺什么？"思辨缺席症"，而且常常是"我"不在场。

我们以五年级学生代表欢迎领导来学校视察工作时的发言稿为例。

各位领导：

我们的学校以德育为灵魂，以教育为中心，全面贯彻党的教育方针，实施新课程改革，培育21世纪中国特色的社会主义现代化人才，全力打造ＸＸ市窗口性、示范性学校……

这段话是典型的校长的官话、套话、废话，看不到孩子的思维，看不到童趣，看不到童年的话语方式，这是学校教育的失败。

我们再看看一名美国小学生，在2008年写给奥巴马总统的信：

> 我想告诉你，你当选，我有多么担心。我爸爸说，奥巴马当总统，我们都得搬到贫民院去。我爸爸说，我们得买鸡，靠卖鸡蛋过日子。如果我投票选举，我一定会投给约翰·麦凯恩。但是，你能与家人住进白宫，我还是为你们感到高兴。

这段话虽然前后矛盾，但朴素真诚，有"我"在场，说的是孩子自己的话，有孩子自己的思维方式、话语方式。

我们再看一段中国某初中生优秀作文。

> 踏过书山漫漫，渡过学海茫茫。我们带着梦想展翅，怀着向往奋飞。今天，创建文明校园，争做文明学生，我们不退缩，不彷徨。让我们燃起青春的烈火，迸发年轻的激情，面对老师和全体同学，立下不悔的誓言……

这段话是宣誓体，调子高、气势盛、语言华美，但无"我"，彻头彻尾的空话、套话，没有"我"的真实想法，没有独立的主体。

在这样的教育之下，孩子知识塞满了，智慧荒芜了；智商提高了，见识崩塌了。

二、开放程度

课堂也有格局，格局要大，层次才高，格局狭小，层次局促。要促使课堂根本改变，还需要打开课堂，不要没完没了盯住小打小闹的细枝末节，而是开放课堂，让学生视野、心胸也为之开阔。

什么是智慧的课堂？学生带着问题走进课堂，又带着新的问题离开课堂，这就是智慧的课堂。做到这一步关键就是老师的开放，心态开放，思维开放，课堂才会开放。

历史课上的《朝鲜战争》，一般的老师就是带着学生把教材里的标准答案找出来并接受记住而已，但优秀的教师不会用灌输的方式，提供给学生现成的答案，而是除了给他们看人民教育出版社编写的历史课本，再给他们看朝鲜教材、韩国教材、俄罗斯教材、美国教材，同一个历史史实，给学生看五种不同的教材，不同的说法，甚至是完全相反的说法。

比如关于战争的直接起因，朝鲜教材把原因归结为韩国和美国，他们的教材是这样说的："美帝国主义为进攻北方进行了缜密的计划和充分的准备，终于在 1950 年 6 月 25 日掀起了反对北方的侵略战争。"韩国的教材是这样说的："1950 年 6 月 25 日凌晨，朝鲜越过三八线，开始南侵。"美国教材是这样说的："（朝鲜和韩国）两个政府沿着分界线的对立非常紧张。1950 年 6 月 25 日，朝鲜军队入侵南方，他们的行动显然得到了斯大林的允许。"美国和韩国教材非常明确地点出是朝鲜先行"入侵"。而中国人民教育出版社的教材是这样说的："1950 年 6 月 25 日，朝鲜内战爆发。朝鲜人民迅速攻占汉城，并向南推进，韩国军队节节败退。这引起了美国的强烈反应。"人教版的教材是有意识地加以回避，但仍然隐隐约约地透露一些真相。而俄罗斯的教材则是这样说的："（朝鲜和韩国）两个政权都镇压反对派，并开始准备武力夺取整个半岛。1950 年 6 月，北朝鲜军队侵入南方，并正式宣布他们是为了反击李承晚军队的攻击"。显然是各打五十大板，但还是说出朝鲜军队先行入侵。虽然人教版的教材基于中朝之间的传统友谊，刻意回避了朝鲜入侵韩国的事实，但令人惊讶的是，朝鲜并不领情，他们将不尊重事实进行到底，朝鲜教材从头到尾没有提到中国人民志愿军，仿佛这场战争与中国人毫无关系，好像是朝鲜自己打败了美国为首的联合国军，迫使他们在谈判桌上签字停战。

五个版本的教材各自不同的说法一下子就把学生的思维激活了，孩子们不再是单纯被动地接受现成的教材答案，他们要学会比较，学会鉴别，学会探究，学会批判，长此以往，学生的视野就开阔了，学生的思维就灵活了，不但会理解分析，也会批判运用，这不就是所谓的核心素养吗？

课堂打开之后，还需要聚焦，这是一个技术问题，需要老师引导，请看案例。

两位高中语文教师执教同一篇课文《项链》，课的前半部分两人似乎没有什么区别，教师先让学生阅读课文；然后教师提出问题："说出你对'项链'的看法。"于是学生畅谈心得。但是课的后半部分两位老师的处理却不尽相同。

A 老师鼓励学生畅谈心得，有半数以上的学生发言，说出了自己的见解，并做了简单的阐述。如："挫折使人领悟了真实的生活"，"人不应该有虚荣心"之类的。A 老师对学生所说的一些观点，都给予"有新意"一类的鼓励和肯定，直到不再有学生举手，A 教师进行简单总结。

B 教师也是鼓励学生发言，听着学生的发言，B 老师的大脑没有闲着，而是在分析学生的发言，加以概括提炼，将学生的各种心得貌似无序地写到黑板上；然后加以组合，于是学生发言完了之后，最后形成四组八种解读：

性格的审视：虚荣——自尊

情感的评价：同情——微讽

人生的感悟：悲剧——喜剧

哲学的思考：偶然——必然

接下来 B 老师要求学生选择自己的观点与对立的观点进行辩论。学生兴奋异常，进入热烈辩论状态。

我以为 A 老师的这堂课是有问题的，他所组织引导的讨论是低效讨论，基本停留在学生各自说自己的话，每个人都是说给自己听，都不去听别人的观点，学生之间根本没有形成有效的对话。课堂上教师组织学生讨论，出现以下情况将导致讨论低效、无效：或者课堂情境中所显示的矛盾不够尖锐，或者讨论的话题两难情境不够明显时。显然 A 老师的课即属于此种情况，学生之间的观点没有形成矛盾，教师没有设置两难的情境，因而无法激发他们开展批判性思维的灵感。而 B 老师的课堂则完全相反，经过老师的提炼，把看似无关的观点组合起来形成矛盾对立，也就是开放之后要聚焦，聚焦在具体问题上，并且形成观点交锋式组合，于是学生之间就可以展开对话辩论，思维冲撞不可避免地产生，这堂课的效率大大提高。苏格拉底说："没有一种方式，比师生之间的对话更能提高沟通能力，更能启发思维技能。"而课堂内的生生对话、师生对话，关键还在于教师的把握，在于教师课堂上的适时调控。

上述案例有一些共同的规律，其中最重要的是教师的个人素养，教师的知识积淀，教师的临场捕捉，教师的临场调控。第一个案例，历史老师在教学设计阶段就是开放的，居然把五种教材统统拿来为我所用，没有相关的视野是做不到的。第二案例，反映出教师出色的课堂调控能力，而之所以这样调控，与教师对课堂的深刻理解是分不开的，有这样深刻的理解，才逐渐养成杰出的课堂驾驭经验。

教师思维的解放、视野的开阔才有课堂的打开，杭州越读馆郭初阳老师，"经典阅读课上，他会给学生讲史铁生的《命若琴弦》、讲法国作家菲利普·德莱姆的散文；文法与修辞课上，他会跟学生聊文学作品中的'幻境'，比照杜甫《对雪》中的那句'瓢弃樽无绿，炉存火似红'与安徒生《卖火柴的小女孩》的暗通之处；通识教育课上，他用《铅笔的故事》做铺垫，跟学生讨论经济学上自由选择的原理；艺术鉴赏课上，他会跟学生聊生活中的设计，聊日本设计大师原研哉；电影鉴赏课上，他跟学生一起看《灰熊人》《十诫》，谈人和动物的关系、谈生命的可能性。"（引自马用雷《体制外的课堂还有这样的语文课！》）教师开阔的胸襟打开了课堂，从而打开了学生。

课堂必须"打开"，这样学生才有智慧的头脑、开放的大脑。

何谓开放的大脑？讲几个故事。

一个漂亮的女孩同时被一个富小伙和一个穷小伙看上，为了考验他们，女方出题：谁能用一天的时间把空荡荡的房子填满，我就嫁给谁。富家子雇人买了很多东西往里填，但房间仍然有缝隙。穷小伙提了一盏灯进屋来，灯光瞬时把屋子填满。这个穷小伙就是有开放的大脑，有智慧。

又如禅宗的六祖慧能，《六祖坛经》记载，五祖弘忍要传衣钵给下一代，让弟子们写首短偈表达智慧。大师兄神秀写道："身如菩提树，心如明镜台，时时常拂拭，勿使惹尘埃。"众僧感叹高明至极，便罢手不作了。小和尚慧能在伙房里干粗话，听到之后便说，这东西我也会做："菩提本无树，明镜亦非台，本来无一物，何处惹尘埃。"五祖弘忍一看，比神秀高出几个境界，便将衣钵传给慧能。后来慧能南方传教，讲经辩经声望极高，但他周围的人发现，大师竟然不认识字。于是去询问大师，慧能的回答是："诸佛妙理，无关文字。"这说明关键是否有智慧，能悟道。

再如，"枪口抬高一厘米"。1992年2月，柏林墙倒塌两年后，守墙士兵亨里奇受到审判。在柏林墙倒塌前，他射杀了一位企图翻墙的青年。法庭上，亨里奇的律师辩称亨里奇仅仅是在执行命令，别无选择。而法官西奥多不以为然，他的一番话振聋发聩。他说："作为警察，不执行上级命令是有罪的，但打不准是无罪的。作为一个心智健全的人，此时此刻，你有把枪口抬高一厘米的权利。"这就是智慧，人要有柔软的心，良知，又应该有智慧。

三、文化意味

智慧的课堂要反映教师的价值思想，折射出人的观念，体现出很浓厚的文化意味。

例如中国历史教学有这样一道历史题：成吉思汗的继承人窝阔台，公元哪一年死？最远打到哪里？同样是这个历史史实，美国世界史教科书出的题目是这样的："成吉思汗的继承人窝阔台，当初如果没有死，欧洲会发生什么变化？试从经济、政治、社会三方面分析。"不比不知道，一比就清楚。一个是死题，一个是活题；一个毫无意义的题目，一个是着眼培养孩子想象力和解决问题能力的题目。

有个美国高中学生是这样回答的："这位蒙古领导人如果当初没有死，那么可怕的黑死病，就不会被带到欧洲去，后来才知道那个东西是老鼠身上的跳蚤引起的鼠疫。但是六百多年前，黑死病在欧洲猖獗的时候，谁晓得这个叫作鼠疫。如果没有黑死病，神父跟修女就不会死亡。神父跟修女如果没有死亡，就不会怀疑上帝的存在。如果没有怀疑上帝的存在，就不会有意大利佛罗伦萨的文艺复兴。如果没有文艺复兴，西班牙、南欧就不会强大，西班牙无敌舰队就不可能建立。如果西班牙、意大利不够强大，盎格鲁-撒克逊会提早200年强大，日耳曼会控制中欧，奥匈帝国就不可能存在。"美国老师给出评分：A。

我相信我们中国也有聪明的孩子，问题是我们给了学生这样的机会没有，我们的历史老师经常说：历史是不能假设的。这句话相当于给学生套上一个绳索，把学生的思维捆住了。

再如我们的历史试题："甲午战争是哪一年爆发的？签订的叫什么条约？割让了多少土地？赔偿了多少银两？"这样的题是培养死人的题目。

同样是这个历史史实，日本历史教科书的题目是这样的："日本跟中国100年打一次仗，19世纪打了日清战争（我们叫甲午战争），20世纪打了一场日中战争（我们叫作抗日战争），21世纪如果日本跟中国开火，你认为大概是什么时候？可能的远因和近因在哪里？如果日本赢了，是赢在什么地方？输了是输在什么条件上？分析之。"这样的题目是培养活人的。

有个日本高中生是这样分析的："我们跟中国很可能在台湾回到中国以后，有一场激战。台湾如果回到中国，中国会把基隆与高雄封锁，台湾海峡就会变成中国的内海，我们的油轮就统统走右边，走基隆和高雄的右边。

这样，会增加日本的运油成本。我们的石油从波斯湾出来跨过印度洋，穿过马六甲海峡，上中国南海，跨台湾海峡进东海到日本海，这是石油生命线，中国政府如果把台湾海峡封锁起来，我们的货轮一定要从那里经过，我们的主力舰和驱逐舰就会出动，中国海军一看到日本出兵，马上就会上场，就开打！按照判断，公元 2015 年至 2020 年之间，这场战争可能爆发。所以，我们现在就要做好对华抗战的准备。"人家是在培养思想力，而我们是在培养记忆力。

考什么就说明我们重视什么，这就是价值思想，有什么样的价值思想，就有什么样的考试题目，有什么样的考试题，就有什么样的学生素质，就有什么样的民族未来。

郭初阳老师教学《〈伊索寓言〉一则》，郭老师别开生面，几易版本，给孩子们分别呈现了 1.0 版、2.0 版、3.0 版三个不同的寓言版本。

1.0 版。有个牧人赶着羊到村外较远的地方去放牧，他常常开玩笑，高声向村里人呼救，说有狼来袭击他的羊。有两三回，村里人惊慌地跑来，又都笑着回去。后来，狼真的来吃他的羊了。他放声呼救，村里人都以为他照例又在开玩笑，没有理他。结果，牧人的羊全被狼吃掉了。这个版本是寓言原版。

郭老师让孩子们读了上面的故事后，请他们说说"这个故事说明了什么"。答案比较统一：说谎的后果很严重。郭老师则把这个版本的题目命名为《开玩笑的牧人》。

2.0 版。有个牧人赶着（全村的）羊到村外较远的地方去放牧，他常常（遇见狼），高声向村里人呼救，说有狼来袭击他的羊。（很不巧，等村里人赶到的时候，狼都已离开了，羊也都没事。）有两三回，村里人惊慌地跑来，又都笑着回去（以为牧人在开玩笑）。后来，狼真的来吃他的羊了。他放声呼救，村里人都以为他照例又在开玩笑，没有理他。结果，（全村的）羊全被狼吃掉了。

郭老师已经对原版作了相应的修改，他把这个版本的故事叫作《说真话的牧人》。读完这个故事后，孩子们对上面两个版本的故事作了比较，发现说真话的牧人跟说假话的牧人的后果一样严重，甚至损失更惨重。

3.0版。有个牧人赶着（全村的）羊到村外较远的地方去放牧，他（说自己常常遇见狼），高声向村里人呼救，说有狼来袭击他的羊。（很不巧，等村里人赶到的时候，并没见到狼，羊也都没事。）有两三回，村里人惊慌地跑来，又都笑着回去。（有狼？这似乎是不可能的，因为很多年来，村里别的人从没有遇见过狼，全村的人都不相信会有狼，除了那个牧人——他不断散布有狼的言论，让整个村子感到紧张不安。于是村里人勒令牧人戴上一个特制的口罩，让他保持安静，不许再发出声音。）

后来怎么样呢？郭老师让孩子们猜答案，让他们设计一个特别的、出人意料的结尾。孩子们很优秀，通过思考、讨论，设计出了种种不同结局，有平安的结局，有英勇的结局，有皆大欢喜的结局，也有悲惨的结局。郭老师把这个版本的故事称为《发出声音的牧人》。

郭老师跟学生一起小结了三个不同版本故事，分别为"假话、真话、意见（难辨真假）"。郭老师适时地出示了大哲学家塞尔在《论自由》中的一句话："迫使一个意见不能发表的特殊罪恶，乃是它对整个人类的掠夺。"郭老师让孩子们探讨这样四个问题：1. 在3.0版中，牧人的意见不能发表，最严重的后果是什么？2. 你有过"意见不能发表"

的经历吗？感觉如何？3. 你有过迫使别人"意见不能发表"的经历吗？当时为什么这么做？4. 一个意见和整个人类的密切关系，你可以举一个例子来说明吗？你有过迫使别人"意见不能发表"的经历吗？当时为什么这么做？

郭老师把孩子们的思维拉到了很深很远的地方，但他收放自如，最后引出伏尔泰的话"我不同意你的观点，但我誓死捍卫你说话的权利"，轻轻松松地将孩子们的思维拉回到最初的《狼来了》的故事，让孩子们明明白白地理解《发出声音的牧人》其实讲的是"发言权""话语权"的问题，是"人人都有发表自己意见的权利"的故事！

毫无疑问这堂课是创新的语文课，创新的体现就在于教师彻底颠覆了传统的语文课堂，颠覆了语文教师的常态行为。一般的语文老师永远是把教材文章作为客观存在，作为静止不变的客观实体学习内容，你可以选择不同的文章做教材，教材编者可以对原文做点删节，甚至做点改动，但老师是不去改动教材的，基本上就是拿来主义，教师只是研究怎么教好的问题，说到底基本停留在教学方法层面的改革。而郭初阳老师把教什么的问题摆在第一位，这是课程意识的最好体现，他的课堂改革改的就是教学内容，他重置了课堂教学内容，把传统名篇通过创造性的改编，由一而三，由一生三，一一对比，其目标指向非常清晰，不是简单地教语文，不是简单地教工具。他是在既教语文，又教思想；既教工具，更教德育，教做人，教未来公民所应具有的基本素养，即教学生的核心素养，学会尊重，学会尊重他人的表达。

应该说郭老师精心设计，非常巧妙，基于自己的教育目标，对教材内容做了微小但又是根本细节的改动，改动的目的不是推翻原文，而是拿原文与改文做对比，开玩笑，说真话，意见难辨真假，三种情况一一对比，凸显话语权的问题，凸显教学的主旨所在——尊重每个人的话语权。郭老师设问惜墨如金，每个问题设计都非常考究，且环环相扣，我非常欣赏郭老师课堂最后所提的四个问题，尤其欣赏第三个问题"你有过迫使别人'意见不能发表'的经历吗？当时为什么这么做？"这是让学生将心比心，设身处地，反省自己。

我们有些学生担任班干部，秉承班主任老师的旨意，动不动管教别的同学，甚至于不容别的同学辩驳，把自己的意志强加给其他同学，时间一长，他们很容易自以为是，走上社会，当上领导，颐指气使，管控他人。为什么会这样？什么逻辑？最根本的一点，就是认为自己的意见是正确的，就是认为自己的意见就是真理，因此容不得别人辩驳。而且要维护自己的面子，要维护自己的领导权威。他们从来不问问自己：你敢肯定，你的意见一定是正确的吗？一定是最合理的吗？一定是最科学的吗？一定是无可争议的吗？他们从来不想想：人在宇宙中，是如此渺小！你又何以如此居高临下，自以为是，容不得他人发言、辩驳？我想郭老师这个问题的抛出，对学生而言是刻骨铭心的！尤其是对班干部！这是一堂有文化含量的智慧课堂。

一线教师最喜欢听课观课的培训形式，通过听课观课，我们可以学习别人的教学技巧，学习别人的课堂模式，学习别人的管理方法，学习别人的技术手段，然后模仿运用在自己的课堂里。这当然是应该的，但是时间一长，也会出现这样一种情况，我们经常看到很多老师听课观课只关注这堂课上得好是用了什么方式方法、什么技术手段、什么教学模式，而不是关注人，不是关注这个把课上好的人，不是关注作为教师的文化素养。

一堂好课的组成要素有教学技巧、教学技术和课堂管理方法，但是仅仅掌握一些教学技巧、教学技术和管理方法是绝对上不出一堂有文化含量的智慧的课。智慧的课堂需要教师有深厚的学科修养，需要教师对教育、对课堂、对教师自身的意义有深刻的理解，教育到底应该干什么，教学到底要培养学生什么核心素养，课堂里最应该向学生传递什么，教师到底是什么角色。深厚的教育修养、学科修养需要教师深厚的积淀，深刻的课堂理解需要教师有批判性思维，郭初阳老师之所以能够上出这样的课，是因为他对教育，他对语文教学有自己独特的理解，他有自己的思想，他有批判性思维，所以能够重构课程，重构课堂。

我非常认同这样一句话："所谓教师是成人世界派往儿童世界的文化使者。"教师就是承担着文化使者的使命，对学生负有精神引领的责任，郭老师这堂课就是引领学生认识人生，认识未来，认识社会。郭老师是浙江语文教师中的自由人，从体制中解放出来之后，进行了一系列大胆的探索与实践，产生了非常大的影响，他的课堂鲜明地体现了课程的意识。

周国平："人做事情，或是出于利益，或是出于性情。……凡出于性情做的事情，亦即仅是为了满足心灵而做的事情，愉快就是基本的标准。"我想郭初阳上出这样的课是很愉快的。把教材还给教师，把学习还给学生。最短的路不一定是最快的路。

公开课不要演戏

你喜欢上公开课吗？你害怕上公开课吗？公开课就是这样一种，让很多老师又喜又忧的存在。通过公开课，我们能够迅速成长，可是公开课是不是就是表演课呢？很多老师在迷雾之中也渐渐迷失了自己，迷失了方向。究竟该如何上好公开课？真实的公开课应该什么样？我们应该从公开课里学习什么？我以为：好的公开课，不能演戏。

公开课的目的是为了让青年教师学习掌握规范，让老教师超越规范

课听得多了，觉得有必要反思一下观摩课、示范课和公开课。

此类课应该分级。根据上课教师的不同，起码应分为两大类：一类是参加工作不久的青年教师，完全可以沿用现在流行的方式，反复备课，反复试教，集体备课，不断接受来自各方面的修理意见，最后上台表演。这一系列反复的过程是青年教师掌握规范的过程，是青年教师明确如何上好课的过程，是激发青年教师精益求精的过程，从而使青年教师学会上课。

另一类则是已经工作好几年的教师，绝对不能采用上述形式，因为在掌握规范多年之后，再来表演规范，很明显会让人感到做作，是在演戏，

而不是教学实验。在掌握规范之后，应该超越规范。

教师听课是为学习而来，观众看戏则为了观赏

观赏就是看你表演，你就应该表演得非常漂亮、圆满，具有可观赏性。听课是为了学习，就应该具有可学性，因此它必须在常态下进行，这是教育实验的一个基本要求。

观摩课虽然不拒绝漂亮，但应该拒绝为表演而表演，拒绝为刻意追求漂亮、完美而失常。失去常态，就失去了真实，失去了其实验的价值和意义，失去了可学性。虽然我们并不拒绝漂亮，但在目前观摩课更多地追求表演性的时候，为了力纠时弊，我倒觉得现在有必要提倡否定表演、杜绝表演。

说到这里，我想到一个问题：为什么我们上了这么多的语文公开课、观摩课和示范课（在众多学科中，公开课之多没有超过语文的），而语文课依然问题很多（是不是最多我不敢说，但受到抨击、批判最厉害是不争的事实），而且从总体上看，学生对语文课兴趣不大，甚至一些学生讨厌语文（有调查表明，语文课仅好于政治课）？

原因多种多样，其中之一就是这种观摩课没有可学性，仅有表演性；没有学习意义，仅有欣赏价值；没有学习价值，甚至执教者本人在平常教学时也不这么上。可见其假到什么程度，虚到什么程度，脱离实际到什么程度。

追求完美的表演无意义，公开课应成为教学创新的实验田

观摩课到底观摩什么，示范课到底示范什么，听课到底听什么，这是值得我们思考的问题。

我认为，公开课的目的在于实验，听课的目的在于学习、交流。

因此，我们就应该考虑实验的目的、学习的目的。语文课堂教学实验无非是要探索一种新的教育思想在课堂教学中的实践，探索一种新的教学手段的运用，探索一种新的教学模式、教学方法、教学模型、反馈系统、评价方式在教学常态下的呈现（这里用"呈现"而不用"展示"，因为"展示"很容易走向表演）。

正因为是新的探索，才能给人以新的启发、思索；正因为是常态下的呈现，才能给人以学习、借鉴的意义；也正因为是探索，才无须圆满，也不求十全十美，一扫表演的痕迹，即使那些不成功的地方，也能从反面给人以启迪和教训。

公开课是成长的"爆破点"，正是缺乏逐步的探索，我们的教学才会止步不前

如果这个观点能够得到认可，进而成为大家的一种共识，那么结果和意义是显而易见的。

首先，我们的语文公开课就会呈现一种百花齐放、百家争鸣的喜人局面，而不像今天的各种观摩课给人千人一面、千课一味的感觉。

其次，语文教学的实验探索就会逐步推向深入，语文教学及其研究就会逐步走向科学化，而不像今天的公开课徘徊在原有层面上，始终脱不了分析的路子，形式或许有些变化，但始终是在分析。

分析在很大程度上肢解了一篇篇美文，使许多学生对语文缺乏兴趣，甚至讨厌语文。语文课为什么一定要分析呢？不分析难道就不行吗？我并不是绝对反对分析，而是反对分析一统天下。

正是因为缺乏逐步深入的科学探索，我们的语文教学才总是止步不前。

可以说，20世纪80年代初和现在的语文课基本上没有什么区别，没有多大的发展，而且旧有的问题没有得到解决，甚至越来越多、愈演愈烈。我们期待真正的科学探索能一点一点地解决问题，一步一步地向前发展。

再则，常态下的实验值得学习、借鉴，能够逐步影响一些人，慢慢扩大，最终渐成气候，而不像现在的观摩课，听完以后，许多人觉得的确很漂亮，但根本无法学习，于是依然故我，还是老一套。必须指出的是，我们这里所说的学习是真正意义上的学习，而不是简单的模仿照搬，我们绝不是忽略教师的个性风格，而是尊重教师的个性。

我们总在说素质教育是以培养创新精神和实践能力为核心的，要培养学生的创新精神，然而我们教师自己是不是更应该具备创新精神呢？

语文课堂是语文教师创新的一块田地。如果语文教师能够具有创新精神、创新能力，那将在人格上给学生以极大的正面影响。

课堂，校长的第一视点

学校走得多了，校长见得多了，发现了不少好校长，也看到了不少问题。现在一些校长养成了一种满嘴跑理念，时时喊口号的职业习惯；学校上上下下形成了一种论大概念、说大词汇的校园生态。经常看到学校关于特色化办学的经验介绍，经常听到校长关于学校文化的理论高见。但是课堂上却见不到校长身影，校园里却无人论课议课。什么叫特色化办学？没有10年、20年的课堂积淀哪来的特色？不过就是一句自欺欺人的空话而已。什么叫学校文化？承载学校文化的最主要载体就是课堂，绝没有离开课堂的学校文化！

学校是提供课程服务的地方，学校的主要产品就是课程，而学校的课程主要表现在行进中的课堂，因此校长的第一视点应该落在课堂上，学校所有的问题最终都会课堂中体现，教师的问题，学生的问题，管理的问题，理念的问题，都会转化为课堂的问题，有经验的校长走进课堂，就能知道学校的问题所在，就能把握住学校的脉搏。所以说课堂是校长的第一视点。校长进入课堂如何发现问题，如何评价课堂，如何促进教师的专业发展，如何提升教师的课堂教学质量，这就是我们校长应该关注并做深入思考的。

关于评课，我们可以从评课的功能、评课的主体、评课的方式、评课的效果等方面来思考评课的不同层面、不同情形。

第一，评课既是评价也是评比。依据评课目的而言，如果是指导教师，校长在做出评价的同时更多地应议论课堂，在指出课堂优缺点的同时，校长应该给出相应的方法，评议应该具体一点；如果是评比，我们在评价的同时，要分出高下，比如现在校内外常常举行的课堂教学大赛，必须评出一二三等奖来，又比如校长要促进青年教师的成长，有意识地将青年教师的课堂与经验丰富的中年优秀教师的课堂进行对比，通过对比明确长短，找出问题。

第二，关于评价标准的学科特征问题，各个学科肯定有个性特征，语文有语文的特点，数学有数学的特点。作为校长也只能是某一学科的优秀教师出身，对某个学科非常精熟，对其他学科不甚熟悉，当然必须尊重各个学科的个性特征，但与此同时我们也应该知道各个学科还有共性的东西。因此既要尊重学科特征，又要关注共性特征。校长还是可以就课堂的共性问题作出判断、评价。

第三，关于全面性和特征性的问题。对一堂课来讲，一般来说评课只能是就这堂课说这堂课，难免是挂一漏万的，难免是以偏概全的，难免是片面的。因此有时候校长为了深入研究，找到问题的症结所在，也可以连续听课，反复比较。当然我们也可以借助典型课堂案例来分析问题，有一句话叫"窥一斑而见全豹"，教师虽然只上了这么一节课，但是我们可以试图从这堂课去发现老师一以贯之的问题，是谓窥一斑而见全豹。在这样做的同时我们要尽可能避免以偏概全，从某种意义上来讲，这取决于校长的判断能力、价值取向。

我觉得评课还涉及以下几个问题：

评课的功能。从总体上说评课的核心目的在于促进教师专业发展，这是毫无疑义的。这个目的决定了评课的功能，第一类功能是引领价值，是对教师思想的引领，通过课堂观察发现教师在教学思想上的问题，教学观念上的问题，比如师生关系，将落后的、守旧的课堂教学思想，改变为现代的、以学生发展为本的教学思想，这在当下转型期间尤其显得重要。第二类是指导价值，是对教师课堂教学方法的指导，即通过评课指导教师怎样上好课，如何有效地激励学生，让学生作为课堂学习的主体，如何开发各种教学资源，如何处理好教材，如何处理好每一个环节，如何使用现代教学技术手段辅助教学，而不是喧宾夺主等等。这两种功能如果没有做好，也可能产生负面效果，误导教师，我们校长以为自己的评课是正确的，但客观上未必是正确的，关键在于校长本身要有先进的教学思想，要有扎实的教学基本功，这样才能避免评课形成误导。

一般而言不同类型的人评课，视角往往不尽相同，评课的结果也就不尽相同。校长的评课应该有不同于他人的地方，应该有校长主体的基本特征。第一，不同于教授评课。教授评课往往高屋建瓴、居高临下，教授多半是理论家型的专家，理论家型的专家更多地是从理论的角度来评课，他们常常带着已有的理论系统标准来评课，说到底是把理论标准作为尺度来衡量教师的课，这个合规，那个失范。这样的评课不能说没有作用，但因为是演绎式的，重在评价，弱在指导，中小学教师往往不太接受，它不能给教师以具体的启迪和帮助。第二，不完全等同于学科同行评课。学科同行评课，或者是实践经验丰富的土专家，即长期在第一线执教的专家进行评课，或者是同上这门学科的教师进行评价。这些人虽不及理论家有系统的理论，但在长期的教学实践摸爬滚打，反思总结、提炼，对课堂了如指掌，深谙课堂教学的规律，他们的评价可能会更贴切一点，便于将心比心，因为大家都是执教一门学科的同行，旁观者清。但是他们的评课有时也会因为过于相近，导致有所局限，思路跳不开，出现同质化评课，即不能有效超越授课教师的水准。第三，不同于学生评课。学生评课很重要。课是为谁服务的，说到底是为学生服务的，我们的服务质量如何，学生这个用户是最有发言权的。我们的教学对象是学生，不能忽略学生的评价。学生怎么看待一堂课？学生的真实心理到底怎么想的？这直接影响我们教师的课堂教学质量。如果我们虚心听取学生的评价意见，对改进我们的课堂教学很有好处，我们曾经组织过教研活动之后的学生评课，事实证明学生站在独特的视角，说出了专家、同行没有说出的话，很有意义。但是学生评课毕竟专业性不强，理论性较弱，一般比较感性。

校长的评课应该既有别于上述三种人的评课，又与他们评课有一定的关联。首先，校长应该认真听取学生的课堂反馈意见，要把其中合理的因素提炼出来，敦促教师关注学生意见。其次，校长评课要站在学校的角度考虑，学校教育的价值取向，学科教学的共同价值观，有一定的高度，要体现现代教学的发展方向。第三，校长评课要合理、有法、动情、入心，所谓合理，即指合乎课堂教学的基本原理；所谓合法，即指在指出教师课堂问题，分析原因的同时，还要给教师具体的方法，甚至于给他提供样板案例；所谓动情，即指评课要触动教师，而且教师感情上要能接受，不能蜻蜓点水，不能一味夸奖，批评有度，情感接受；所谓入心，这是比较高的标准，校长的评课要能抓住要害，一针见血，把影响教师课堂质量的关键因素点到位，把教师一以贯之的问题揭示到位，让教师心里产生强烈的震撼，这是最佳效果。

从评课的方式来看，存在几种情况。第一种是抽象的评判，就教师的教育思想，就其课程观来评，这种评课比较上位，也就比较抽象。第二种是概括性评价，把课堂当中的问题概括出来加以评价，即用逻辑化的思路把问题梳理出来，用概括性的语言条条框框地加以评价，这种评价搞得不好比较空泛，教师常常会觉得似是而非，听起来像回事，仔细想想好像没有得到什么。第三种是具体的评价，或者叫细节评价。一线教师往往喜欢听细节评价，会有种豁然开朗的感觉。校长的评课方式应该兼顾以上几个方面，既有思想，但又是联系现实；既要有概括评价，又要具体指导；既要指出细节问题，又要结合细节的深度分析。

从评课的效果来看，校长的评课要避免几种情况：由于思路不清，分析不明，评完课之后，导致被评的教师不知所云；由于评课尽是讲人人熟知的大道理，虽然讲的都是真理，但也都是废话，没有提供任何有效的信息。正确的做法是评课一定要源于教师，源于课堂，同时适度超越受众，给他们以启迪和方向性的引领，使其茅塞顿开。

好教师才能成就好课堂

课堂教学的重要性不言而喻，更是课程改革的重中之重。作为管理者和听课人，如何评价是否为一节好课，除了要更新理念之外，更要理解课程，理解教学，理解课堂。

我们今天都在谈课程改革，但课程到底是什么？我个人觉得课程是个立体的东西，它包括教学、课堂、教师、学生、教材、各种各样教学资源等。教学是个过程，相对于课程而言教学是线状的，从开始的备课、上课，到作业练习、反馈辅导、测试评价等，所以说它是个线状的过程。

相对于教学而言，课堂是个点状的东西，课堂是整个教学过程当中一个非常重要的环节，我们经常讲聚焦课堂，"焦"就是焦点，因为重要，所以要聚焦。

进行课程改革，千万不能忽略了课堂这个重要的点，更不能忽略了我们整个教学过程，这个科学化的、充满人情味的、着眼于学生和教师发展的教学过程。

我们都在讲课程改革，都在讲教师的专业化发展。我们教师的专业化发展从哪里起步？我们教师的专业化发展最终指向何处？我们的归宿在哪里？校长也罢，分管教学的副校长也罢，教务主任也罢，你作为一个权威人士，你走进我们老师的课堂，你听完这堂课以后对老师有什么样的评价，对老师这堂课有什么样的感想，对老师的课堂教学有什么样的点拨指导？实话实说老师很期盼校长来听他的课，给他切合实际的指导。假如你听他的课不能给他切合实际的指导，他是不欢迎你听课的。所以我们学校领导的观课评课能力亟待提高。

我为什么要从课堂说起，为什么要从观课评课开始说起？我觉得作为教师而言，你首先在课堂上要站得住，学校也是先要在课堂上站得住，站得住我们才考虑走得稳。我们有些学校连站都站不住，有些老师连站都站不住，就开始飞了，那是不切合实际的。然后我们才考虑跑得快，完了之后才考虑跳得起来，最终我们考虑是否能飞得更高。也就是说我们必须循序渐进，作为学校而言，老师也罢，校长也罢，如果一味地好高骛远，很显然我们的根基没有打扎实的话，我们摇摇晃晃跟跟跄跄，在这样一种状态之下你说这个学校教育能做得好吗？我个人觉得这个学校教育是做不好的。

为什么要评价课堂？怎么评价课堂？我们需回到原点，看我们之所以评价课堂的原因、目的和走向何处，这个要搞清楚，我们评价课堂最终的目的在于促进教师专业化发展。你所有的评课都是为了这个目的进行，而不是给他分档次，也不是给他发奖金，更不是给他贴上一个黑或者红的标签，你是为了促进他发展。如果基于这样的考虑我想我们的老师容易接受。

很多专家在评价课堂时，给出了自己的标准。

华东师大有一个著名的教授叫叶澜，叶澜说好课有五个"实"。什么叫好课？她认为能做到五个"实"的，就是好课。哪五个"实"？

第一，扎实。什么叫扎实？有意义，这堂课要有意义，这堂课上半天没意义的话，就不是好课，这个是它最基本的标准。我们可不可以打一个不太恰当的比方，如果一个学生生病，两个礼拜病愈之后回到学校，他最想补的课常常是他认为有意义的课，为什么说是"常常"，因为不排除有的学生过于功利以高考或中考作为标准，不能绝对化。学生最不想补的课，常常是他认为最没有意义的课。我们今天老师的课你说完全没有意义的课很少见，但是有些课有些环节没有意义、没有价值，这并不少见。我们在课堂教学过程当中，我们在听课观课的过程当中，会经常发现这样的现象。

随便举一个例子，我去听初中的一堂语文课，这堂语文课上的是《天上的街市》，这是郭沫若的一首诗歌。老师怎么上课的呢？一上来用电脑给我们投影出一幅非常漂亮的天上的街市的画面，然后就问了同学们一个问题：同学们这是哪儿的街市？全班同学异口同声地回答：这是天上的街市。这样的问答肯定是废话，这个问题是没有价值的。我去听一堂散文教学课，朱自清的《春》，老师一上来也是用电脑给我们呈现了一幅非常漂亮的春天的画面，然后老师提了一个问题：同学们，春天是怎样来的啊？我在下面听课，心想：春天是怎样来的这是天文学问题，这应该是地理老师问的，语文课怎么会问这样的问题呢？哪知道全班同学异口同声地回答：春天是盼望中来的。因为课本上是这么说的。毫无价值，这个环节根本没有意义。

第二，充实。有效率，课要有效率。一堂课解决几个问题，一堂课在真实解决问题的情况下我们判别到底效率多高，它是不是能够尽可能解决更多的问题。我们有些老师的课始终上不完，原因在哪里？有不少老师的课堂教学效率不够高，所以他总觉得课不够上，总喜欢抢课上。当校长有的时候会碰到这种情况，我们的老师会提出来："对不起，校长，我们的课上不完啊，你能不能给我们增加课时？"上不完课经常是因为什么呢？是因为你的课堂教学效率不够高，所以才要增加课时。

第三，丰实的课。什么叫丰实？有生成性的课。课堂最本质的特征就是师生之间的对话交流，对话要生成新的东西。我们的老师在课堂教学过程当中可能预设了不少东西，在课堂上，老师和学生的对话过程当中，要出现新的碰撞，这个新的碰撞能够产生新的东西，这就是十分有价值的。但是我们有些老师实话实说在这方面不太注意，换句话说，一不小心就把孩子们创造性的新想法压抑下去了。

我 2010 年 8 月份从建平中学校长的岗位上调任浦东教育发展研究院院长。我喜欢到小学去听课，喜欢到幼儿园去听课。有一次我们到一个非常好的幼儿园去听课，这个老师带着孩子们讨论什么？讨论 6 种动物需不需要穿衣服，最后大家一致认为这 6 种动物都不需要穿服装，这时候有个小朋友举手说："老师，蛇也不需要穿服装。"我听到这里非常开心，这堂课成功了，这堂课通过老师和学生之间的对话，孩子形成了一个新的想法。哪知道我们的幼儿园老师说了一句："对不起，今天不讨论蛇的问题。"一下子就把孩子压下去了，我在评课的时候不客气地说了："幼儿园，有必要这么课程化吗？幼儿园有必要这么目标集中吗？幼儿园玩儿似的，你怎么能这么随意压抑孩子，如果你一直是这样教学，或许这个孩子从此就养成这个习惯了，老师上课过程当中是不能随便产生新想法的。"这个孩子所有的创造性，所有自己的想法可能从此就被压抑住了。这还谈什么创新精神的培养？谈什么个性发展？

第四，平实的课。什么叫平实？常态下的课。我反对那种作秀的课，公开课不是表演，为了把课上得漂亮一点可以，但是不能脱离常态。现在我个人觉得研究常态课比研究表演课效率来的高得多，价值来的大得多。原因在哪里？我们平常怎么上的，它对我们平常的课非常有指导意义。

第五，真实的课。什么叫真实？有待充实的课。什么叫有待充实的课？

换句话说就是有遗憾的课。全国最著名的语文特级教师，80多岁高龄的于漪老师说了两句话，她是这样说的："我当了一辈子的老师，我一辈子学做教师；我上了一辈子的课，我上了一辈子令人遗憾的课。"全国最著名的语文特级教师尚且说出这样的话语，更何况平常普通的课堂呢？我们有点缺点、有点毛病、有点遗憾，这说明真实。实话实说我们有些公开课表演到什么程度？连学生回答的问题都是事先安排好的，十全十美的好课就是假课，就像包治百病的良药一定是假药，一定是张悟本之流开出来的药，是没有价值的。

什么叫好课？华东师大有一个叫崔允漷的教授，他提出来一个观念，让学生的学习增值。课堂要让学生的学习增值，借用经济学的概念增加"值"。变革前是A1，变革后是A2，A2减去A1就是增值。增加课堂学习的什么值？第一是动力值，我非常认同这个观点。什么意思？什么叫动力值？所谓的动力值就是孩子上了你的课，他产生了一种强烈的学习愿望，对老师的课产生兴趣，进而对这门学科产生兴趣了，我觉得这就是动力值。其他还有方法值、数量值、意义值。什么叫方法值？孩子学到了一些新的方法。什么叫作数量值？孩子增加了一些知识，孩子增加了一些技能。什么叫意义值？孩子学的东西是有价值的，是受用的，或许是终身受用的。这就是所谓增值。

上海有一位非常有名的教师顾泠沅，他是著名的数学特级老师，上海市的教育功臣。顾泠沅评课很简单，他从以学论教的原则出发，站在学生角度考虑。学生该听的听了没有？学生该说的说了没有？学生该想的想了没有？学生该做的做了没有？我觉得顾老师这个评课原则非常简单，但很有意义。听是什么？是吸收，课堂当中学生最需要的是吸收有价值的东西，而不是一味地强调热闹。说是表达，想是思考，做是动手实验。我觉得站在学生的角度去评课是个非常好的方式。"听说想做"四个字非常简单，很朴实，在实践当中却是很管用的东西。

我们再看福建师范大学中文系的孙绍振教授。我们中学语文老师都比较佩服孙绍振这个人，因为我们在备课过程当中经常要看看他是怎么分析、赏析名家名篇的。孙绍振说："中学语文课最容易变成废话集散地。"这句话说明他是站在教学效率的角度上来评课的，他发现我们很多语文老师上课讲废话，什么叫废话？就是孩子们已经知道了的话，孩子们已经知道的道理教师还在喋喋不休、唠唠叨叨、没完没了地讲个不停，所以是废话集散地。孙老师说："中学语文教学严重无效，至少可以说是低效，师生的生命浪费是世界之最。"他是站在这个效率角度来考虑问题的。

我们再看看专家怎么评价教师的，专家评价教师，首先要"脑中有纲"。什么意思？脑中有课程标准的概念。为什么要有课程标准的概念？也就是对我们这个学科教学有个宏观的立体的整体的把握。

我们今天老师备课都是怎么备的？备课常常是就这堂课备这堂课，换句话说明天要上什么课，我们今天晚上来备课，经常是这样的做法。稍微好一点的老师，下一个单元要上什么，我们提前一周来备课。但我们很少有老师从宏观上整体立体把握，我这门学科教学，我们在高一年级应该做什么，我们在高二年级应该做什么，我们在初中年级应该做什么，很多老师并没有宏观立体的把握。

我们老师常说学校是国家事业单位，老师脑海当中经常是这个概念：我是国家事业单位的人，意味着我是吃皇粮的，校长你不能随便把我开除。但是我以为还有另外一个概念，什么概念？我们的老师走进教室，你代表谁？面对学生你代表中华人民共和国。为什么这么讲？你代表国家在执行着国家意志，国家的意志体现在哪里？就体现在课程标准上面，课程标准说的就是，国家认为这个年龄段的学生在什么学科上他应该达到的最低水准要求，换句话说，除了弱智儿童、残疾儿童之外都应该达到这个标准。

其次要"胸中有本"。什么叫"胸中有本"？有教材，教材非常熟悉，教材滚瓜烂熟。我就以于漪老师为例，于漪老师1951年复旦大学教育系毕业，毕业以后分到中学当历史老师，后来由于工作需要改行当语文老师。于老师想，教语文我不是行家，我不是专业出身的，怎么办？她一方面恶补中文系的课程，另一方面上什么课文之前一定要把这篇文章背下来。你想想作为语文老师上课第一件事情是把这篇课文背下来，你说孩子们会产生什么样的感觉，立刻就被震住了。再比如上海市有一个高中语文教研员叫步根海，他到下面基层学校去上课，上什么课文之前一定要把这篇课文背下来，上课的第一件事情是把这篇课文背下来，全班同学目瞪口呆。

很多优秀的教师上课，讲台上放着教案、教材，但基本上不看。优秀教师绝对不是看书教书，优秀的教师往往是看人教书，看着学生教书。我们举个很简单的例子，你说厨师炒菜，没有哪一个厨师不学习别人的菜谱。但是你看到过哪一个大厨会看着菜谱在炒菜？大厨都是看着菜炒菜的，道理就在这里。我觉得这是"胸中有本"的第一个含义。

"胸中有本"的第二个含义是什么？要对教材做比较研究。我建议大家采用这个方式，很简单，我在建平中学担任校长的时候，我把国内各个版本的教材统统拿过来让我们老师研究。上海市用上海版的教材，我们把人教版的教材拿过来，把语文出版社出版的教材，把江苏版的教材，把山东版的教材统统拿过来，搁在一起让老师们去比较，把所有的教材摆在一起比较，老师就读懂了什么叫作教材，单看一本教材他没感觉的，当把诸多教材摆在一起的时候我们老师可能就豁然开朗，知道什么叫作教材了，而且在教学过程当中他会不自觉地把各家之长拿过来为我所用。比如讲到某一个点的时候，江苏版的教材其实很好，讲到另外一个点的时候可能人教版的教材很好，讲到其他点的时候可能是上海版的教材很好，拿过来为我所用，游刃有余。

现在国内翻译了美国的语文教材，我向老师们推荐美国的语文教材，看一下美国人是怎么编语文教材的。我们最近把老师们派到台湾去，看看台湾的语文教材是什么样的，看看台湾的语文教学是怎么进行的。通过广泛的比较，老师就读懂了什么叫作教材，他就能居高临下。

第三，"目中有人"。什么叫作"目中有人"？心中有学生，教学是基于学生的教学，是为了学生成长的教学。基于学生的教学，为了学生成长的教学你就必须了解学生的需求，针对学生的情况设计我们的教学。实话实说，这个话好说，但是实际做得不理想。

有一次我到上海市某重点中学去听课，一个下午我连续听了三节课。完了之后让我评课。评课时我就不客气地说了：三位老师在课堂上分别向孩子们提出了诸多问题，但是三位老师没有一位老师在课堂上让学生提出哪怕一个问题，不让学生提问题，你怎么知道学生问题在哪里？你不知道学生的问题在哪里，你怎么去基于学生教学？

我们曾经做过调查，我们问学生你在课堂上是否经常感受到跟老师有眼神的交流，答案是只有9%到11%的孩子有这种感觉，很多孩子根本就没有感受到老师在课堂上跟他有眼神的交流，这就是问题，这是"目中有人"的教育吗？

课堂教学的多元设计

课堂教学的设计必然涉及到教学取向，教学过程有四种取向。第一种叫得过且过，这是混日子的，明显不对，后面三种取向其实都有一定的道理，忠实的取向、调适的取向、创生的取向，这三种情况要根据不同的情况区别对待。

得过且过是明显错的，我们所有的学校都会有这样的人，橡皮病，没感觉，工作效率低下，充满职业倦怠，对未来没有想法，迷茫得很，有工作压力，有生活压力，但是不知道如何疏泄，学校的任何激励措施好像都没感应、没感觉，我们要警惕这样的人，如果这种现象蔓延开来就成问题了。

正确的取向是什么？第一，面对课程标准必须忠实。国家意志体现在课程标准上面。所以课程标准就是这个年龄段学生在这个学科上的学习要达到的最低水准要求，一般学生都应该达到的最低水准要求，你只能忠实于它，你只能高于它，你不能低于它。

第二，在教学和教材的使用上，应该采取调适的取向。什么叫调适？就是调整适合于我们本校的情况，适合于学生的情况。这个大家很好理解，任何教材都有先天不足，什么先天不足？就是不可能普遍满足于所有类型学校的需求。比如最好的高中如果满意了，可能最差的高中就觉得太难了；如果最差的高中满意了，那可能最好的高中就不满意，因为太容易了。法国的老师说我们是不用教科书的，用教科书的老师都是很懒的教师，他们都是自己编讲义的。因为每一个班的情况是不一样的，怎么能用统一的教科书呢？中国的奇怪之处就在这里，统一的教科书，不但中小学有统一的教科书，连大学都统一教科书，更加莫名其妙了。

第三，课堂教学的方式和方法上要采取创生取向，创造生成。而不要用一种模式进行教学，我经常讲模式是一柄双刃剑，我们很喜欢教学模式，它在帮助我们建立教学规范的同时，也会压抑着教师和学生的创造性，束缚着老师也束缚着孩子。教学模式有两个作用，第一它可以帮你建立规范，我的观点：在没有规范的时候你可以用教学模式的建构，帮助我们的老师建立基本的教学规范；但是当老师已经掌握了教学规范的时候，你必须超越规范，问题的性质发生转变了。

我们课堂教学方案设计的依据在哪里，依据学校的实际情况，学生的实际情况，教师的实际情况，这很好理解。你根据本校、本班的情况，设计什么？第一，内容的确定。到底教什么，关键在哪里？在度的把握上，最难的地方就是度，如高中的省重点，下面还有市区重点，区重点下面还有县重点，还有普通高中，这之间能一样吗，如果一样，肯定错了。教材有这个知识，但是学多长，学多宽，学多深，长度宽度深度都是我们必须把握的问题。第二，组织的模式。学生如何组织，是同一个层次的学生组织在一起，分层次教学，还是异层杂糅，不同层次水平的学生在同一个班级上课，统一均编。两种方式各有其长，各有其短，关键看你学校的实际情况。

　　课堂教学方式到底是传授式好，还是训练式好，还是研究式好，这些都是我们课堂教学方案设计必须把握的内容。我们在座的或许当了10年的老师、20年的老师、30年的老师，我们当了十几年的学生，我们有共同的经历，现在请大家用一句话来表述一下什么叫作学习，什么叫作教学，你就知道问题在哪里了。

　　什么叫学习？认知主义告诉我们，学习就是知识的获得，培根讲就是求知；那么教学是干什么？教学就是知识的传递，老师说得好听一点就是二传手，说得不好听一点就是二贩子，我把知识传递给你，我的教学结束了。后来我们发现不对了，我们不但要传递知识，还要培养学生能力。所以第二种主义出来叫行为主义。学习是什么？学习就是刺激反应，不断地刺激反应，就是反应的强化，那么教学就是操练。我们数理化老师最喜欢操练，我们语文老师也学会操练，我们英语老师也跟着操练，操练操练再操练，后来发现不对。第三种主义出来了，叫建构主义，学习是什么？知识的建构。教学干什么，教学就是创建学习环境，帮助孩子来建构。

　　这三种主义各有各的道理，但是请注意，如果你拿一种主义覆盖整个教学过程，肯定错。我们中小学老师在实际教学过程当中最喜欢两种主义——认知主义、行为主义，我们的大学教授最喜欢跟我们中学老师讲建构主义，但实际上我们大学文科老师在自己的课堂上基本上是第一种主义，认知主义。用一种主义覆盖整个教学过程肯定错了，你说教学都是传递知识，错了；你说教学都是操练，肯定也错了；你说教学都是创建环境帮助孩子建构，同样也错了，你根本连教学任务都完不成。

　　正确的说法是什么？教学有时候是知识的传递，教学有时候是操练，教学有时候是创建环境帮助孩子建构。问题关键在哪里？就在于什么时候是传递知识，什么时候是操练，什么时候是创建环境建构。我们的教学方案当中应该把这些问题解决。

我在建平中学担任校长的时候，教师培训干什么，就是解决这些问题。什么问题？首先表现出来的是一张学校课程表。请注意，这个课程表不是简单的什么老师到什么班级上什么课，它至少包括以下内容：第一，学什么，学的课程内容是什么；第二，学到什么程度，我们这个学校，我们班级应该学到什么程度，深度、广度、长度到底怎样；第三，需要多少时间，需要怎么样的空间。我们现在发现物理老师不愿意上物理实验课，现在物理老师就在教室里上物理课。你说有问题吗？肯定有问题的，化学老师不愿意去搞瓶瓶罐罐的实验，就在教室里上化学课，你说能把化学课上好吗？特定的内容需要特定的空间相配的，我们用什么方式学习，是传授式，是训练式，还是研究式，什么东西用什么方式学习是最有效的方式，这要考虑；其次，学生怎么样组合，组织教学的策略；最后，如何评教、如何评学，课程评价到底怎么评。

教学方案设计绝对不是一个校长的事情，也绝对不是一个分管教学的副校长的事情，也绝对不是一个教务主任的事情，而是全校老师共同的事情，问题是校长要组织大家把这个事情完成。教师培训一定要告别单纯的听报告的方式，听报告不解决问题。听报告只能解决一时的问题，不能解决根本问题，说到底就要解决你干的工作的问题。

老师是在行为当中发生改变的，你不要以为老师是听报告改变的。如果老师永远不改，永远不变，永远不动，老师永远提高不了。

学生才是教学目标制定的基础

每一节课，都必须有目标。目标就是老师在这堂课想干什么，这堂课的目标指向是什么，而且我们更应追问一下为什么有这样的目标，目标确定的依据在哪里。

根据在哪里？最重要的是来自学生，基于学生的教学，以学生为目标，这是最重要的，其次再考虑教材，再其次考虑教师。第一位的是学生。

目标一般依据什么来设立？最科学的是根据学生的情况来设立。我们再追问一下，这样教学是否符合学科特点？我们现在课程改革之后有些老师的课不对了，种了别人的地，荒了自家的田，这就成问题了。语文课不像语文课，数学课不像数学课了，这就不对了。

课程标准讲三维目标，三维目标请注意不是机械对应，我们现在很多老师的教学目标就是机械的三维目标，第一是知识与能力，第二是过程与方法，第三是情感态度和价值观。三维目标应该是依据整体的系统来把握的。只有在这个基础上给教师课堂做一个价值判断，才是正确判断他们是好还是不好。

这是第一个问题，问完这些问题之后，我们来说说在教学目标这个环节当下存在的最主要问题是什么？目标模糊，不知道想干什么。老师写在教案上的目标第一、第二、第三清清楚楚，但呈现在课堂上是乱的，不知道他到底想干什么。

今年我到了上海市最著名的一所中学之一，去听一个老师的课。这个老师是30来岁的一个女教师，气质非常好，而且她和学生的关系也非常好。这个老师大概事先跟孩子们说了，有一个专家要听我的课，希望大家配合好。由于她和学生之间关系非常好，所以在课堂上我就发现学生是非常配合老师。我们听的是高二的课，大家知道现在高一的学生上课都不举手了，而这些高二学生上课时不断举手，孩子们不断举手回答老师的问题，但始终没有回答到点子上，老师不断启发，孩子们不断举手，老师不断启发，孩子们不断举手，我发现孩子们急得满头大汗，这个老师也是急得满头大汗，我在下面听课发现我的脑门也出汗了。下课以后我就不客气的批评这个老师，我说："对不起，你辜负了这帮孩子对你的这番爱，孩子们多么想帮你，孩子们多么想让你在专家面前很有面子。但是你发现没有，这堂课孩子们为什么始终回答不到要点上，因为他们始终不知道你到底想干什么，学生不能明确你的目标，所以他们不能跟你进行有效的配合，所以这堂课基本上等于无效。"

目标模糊导致这堂课没效果，目标模糊怎么办？解决目标模糊也有办法。

第一，成就的证明。什么叫成就？成就就是可以观察的学生行为，看得见摸得着的行为，所以我们用外显的行为动词来表述。比如让学生列出什么，让学生给什么下定义，让孩子们学会计算什么，让孩子们演示什么。我们数理化老师经常喜欢用这种方式，清清楚楚，但是我们的文科老师不善于用这种方式，当然学科之间有差异，但我个人觉得有些学科有些课堂完全可以借助这种方式，用外显的行为动词来表述目标，看得见，摸得着。比如让孩子读完这段文章用个表格形式写出它的框架，可以看出学生是否把握文脉；比如读完这篇文章让学生给核心概念下个定义，可以看出学生是否读懂文章基本思想；比如读完一段文章让孩子仿照什么写出什么来，或者让孩子评述什么，这都是可以的，这就叫成就的证明。

第二，行为条件。什么叫行为条件？就是把所需要的条件具体化，我这堂课解决什么问题？在前面第一层级的基础上更加具体一点，让学生借助什么完成什么。

第三，水平要求。很多老师没有水平概念，什么叫作水平要求？就是时间概念、数量概念、质量概念。就是用多少时间完成多少事情完成的质量如何，在前两者的基础之上更加具体化了，更加清晰一点。越具体越有效率；越模糊越没有效率。

我们很多老师没有这个要求，脚踩西瓜皮，滑到哪里是哪里，这堂课没讲完，下节课接着讲，下节课没讲完，再下节课继续讲，讲到最后怎么办？讲到最后往往是时间不够，找校长要课。对不起，我们讲不完你要给我增加课时。一般校长也会说一句话：我给你数学增加课时，那么英语、物理怎么办？如果是英语老师找校长要课，校长会说：对不起，我给你英语增加课时其他课程怎么办？所以一节课都不能增加。他从校长这里增加不到课时怎么办？他就去抢自习课，我们很多负责任的老师就喜欢抢自习课。抢自习课是不对的，每周每一天都应该有一堂自习课让孩子们自我消化，谁侵占自习课谁就是违反教学制度。后来老师想方设法跟音乐、美术、体育老师商量，你们的课跟高考没关系给我上吧。

以体育课为例子，现在的老教授、老领导、老专家经常会反映这个情况，说现在的体育课真成问题，怎么成问题？体育课上完以后我的孙子连汗都不出，我的孙女连汗都不出，这是什么？这是表象，这是表面现象。为什么连汗都不出？说到底就是没有水平要求。

我去听了一堂体育课，这堂课干什么？教学目标似乎很明确，教孩子学投篮。课怎么上？上课先把孩子们集中在一起，先活动，然后讲投篮的分解动作，第一、第二、第三分解动作，老师边讲边做示范动作，然后找了几个同学再示范几下。接下来拿了一大筐篮球，让学生拿着篮球投去吧。快到下课再把大家集中起来，活动活动筋骨这堂课结束了。这堂课的教学目标是教孩子投篮，但是请注意，无论老师还是学生都不知道，有多少孩子在多少时间内最后投中了几个篮，谁都不知道。没有水平要求，教学目标就是不清晰的。

我们看看这个体育老师这堂课的教学目标是"在一个平面上，学生要在三分钟内做15个兔子跳的动作"，这里有时间概念"三分钟"，有数量概念"15个"，有质量要求"兔子跳"，这就是水平要求。

刚才我们讲了三个层级的目标，上述三种方式都叫行为目标，行为目标是有缺点的，我再说一句大话，所有的改革都是有问题的。你看《中国教育报》《中国教师报》，你看看《人民教育》，你看看我们各个省的教育报纸杂志上介绍了多少办学经验，没有一个提到缺点错误的。但是实话实说，所有的课程改革都是有问题的，所有的教学改革都是有问题的，只是问题的大和小而已，只是利大和弊大而已。我们衡量一下，利大我就做，弊大我就不做，如此而已。

行为目标的缺憾在哪里？行为目标的缺憾强调了行为的结果，但是没有注意内在的心理过程，老师可能注意到外在的行为变化，但可能会忽略了内在的能力和情感变化。对此，我们应该怎么办？我们在强化教学效率的过程当中可以使用它，我们在弥补它的缺憾的时候应该采取什么方式？

心理学家告诉我们，应该把内在的过程和外显的行为结合起来，把这二者结合起来。

心理学家认为，学习的实质是内在的心理变化，教育的真正目标不是具体的行为变化，而是内在能力和情感的变化。这是心理学家说的，但我不完全认同，如果这句话要我说我会怎么说？我说教育的真正目标不但是具体行为的变化，更重要的是内在能力和情感的变化。换句话说我不排除行为的变化，我们教育也要追求行为的变化，我们教育更要追求内在能力和情感的变化。所以我认为把这两者结合起来是很有效的方式。

比如我们在考虑刚才上述三种方式的时候，能不能考虑一下这样一些目标，让孩子喜欢什么、热爱什么、欣赏什么、尊重什么、创造什么。能不能把这些词语考虑进去，我们既考虑了外在的行为变化，也考虑内在的情感过程，这个是不是最好的方式？我认为不一定是最好的方式，最好的方式可能在我们教师的课堂教学当中，那些行之有效的兼顾行为目标与情感目标的方式。每一个老师根据自己的学生情况进行有效的教学，就是有道理的。

关注教学过程

    课堂的掌控，和教师的知识储备有很大的关系。我们来举个例子。

    有一次一个小学老师教《动物，人类的朋友》。讲着讲着这个老师就顺便问了一个问题："同学们，你们知道哪些动物濒临灭绝吗?"孩子们就开始说了，有的说大熊猫，有的说东北虎，有的说北极熊，有的说中华鲟，有的说扬子鳄。

    老师只是顺便提出了这个问题，孩子们却当真来回答了，但是老师自己都没搞清楚到底什么动物是濒临灭绝，于是只好点头，动作幅度很小，你几乎看不清他是点头还是摇头，不管谁说他都点头，想蒙混过关，想敷衍过去。但是孩子开始争论起来了，小学生很认真的，这一争论就希望老师你给我们判断到底谁对谁错。这个老师灵机一动，我们很多老师都是这么灵机一动的。老师说："同学们，你们下课以后到图书馆去查一查，你们上网去查一查。"想蒙混过关，这是我们有些老师惯用的手法。哪知道有个孩子就较真了，把皇帝的新装戳穿了，他站起来说："大概老师你也不知道吧。刚才只有第一组说大熊猫是正确的，其余都是错的。其他还有西伯利亚虎、亚洲黑熊、非洲犀牛、亚洲猩猩……"他一口气说出了十多个物种。

这个老师面部表情非常尴尬，原因在哪？知识储备有问题啊。教师的知识面确实有限，但是上这堂课我就应该充分做好这堂课的相关知识储备，否则你不要提这个问题。

有一个年轻的中学历史老师讲到商鞅，突然灵机一动，说："同学们，你们知道商鞅最后是怎么死的吗？"孩子没有回答，他自己回答："我告诉你们商鞅最后是被车裂而死的。"接着问："同学们你们知道什么叫车裂吗？"孩子又没作声，他就自己回答："所谓车裂就是让车轧死。"无知无畏！如果连车裂都不知道，你可以去翻翻词典，了解清楚再到课堂上讲。我们有些老师知识储备严重不足。

我再举个例子，某校高三把关老师，语文教研组组长，特级教师，他上的课是杨绛先生写的《老王》，人教版和江苏版把它放在初中当教材，上海把它放在高中当教材。这个老师怎么上？上课的时候第一个问题就是分段，分完段概括段落大意，概括段落大意完了就是归纳主题思想，归纳主题思想之后就是分析主要人物，主要人物是谁？老王，为什么？标题就是老王。归纳老王的性格特点，老王怎么样？勤劳、善良、朴实、乐于助人，全部写在黑板上，清清楚楚，板书非常漂亮，整个黑板基本上写满了。课上到这里的时候老师发现，他预设的所有教学任务全部完成了。接下来怎么办呢？看看离下课还有一段时间，于是灵机一动，同学们关于这篇课文你们还有什么问题没有？孩子开始七嘴八舌提问题了。有个孩子说道：文章的结尾说"像我这样一个多吃多占的人，面对老王应该感到愧怍"，我不理解。老师一听，估计自己也没有很深刻的理解，于是灵机一动说："同学们，刚才这个同学提的问题很有价值，我们讨论讨论。"这是我们老师惯用的手法，当他自己搞不清楚的时候叫同学们讨论讨论，这也未尝不可，教学相长嘛。讨论的过程当中有同学举手了，说：因为"我"不能给老王以有效的帮助所以感到愧怍。老师一听好像有道理，重复了刚才这个学生的观点，然后把这个就作为标准答案了。这个时候提问题的同学举手了，说："老师我不同意。"

课上到这里的时候，我发现班上同学的眼睛闪了一下。我听课不喜欢坐在后面，坐在后面看的是学生的后脑勺，我听课喜欢坐在前面的两个位置，这两个位置可以看到所有孩子们的眼睛。眼睛是心灵的窗户，它可以告诉你这堂课成功还是失败。可以说前面的教学环节实话实说孩子是没劲的，无精打采的，原因在哪里？因为老师的教学方式太老套了，概括段落大意、归纳主题思想等等。我发现当一个学生说出了和老师的所谓答案不一样的时候，全班所有同学的眼睛闪了一下。这个时候老师如果把这个环节处理得好，等于用力一扳，这堂课还能扳过来，还能成功。很可惜老师一看手表离下课的时候已经很近了，就提高嗓门，用义正词严、不容分说、浑厚的男中音把这孩子压下去了。

下课以后问这孩子，这孩子分析得头头是道，进的很在理。我回过头再问这个老师，这个老师讲半天就是讲不清楚，"王顾左右而言他"。教师连这篇文章都没读懂你怎么能走进课堂进行教学呢？知识储备有问题。

我们再看看课的开头，今天有不少老师学了很多名家做派，喜欢绕来绕去，不是开门见山。有位老师想用启发式上数学课"利息"的内容，一上课，老师创设了这样的情境："过年了，同学们最喜欢的是什么？"（老师希望学生说"压岁钱"）学生七嘴八舌地说喜欢"放鞭炮"，"走亲戚"，"玩个痛快……"就是没人说压岁钱。老师没辙了，只好自己说了，说完了压岁钱之后，老师又问："你们拿了压岁钱后会怎么办？"学生说"交给妈妈"，"买学习用品"，"支援困难地区"，老师所期盼的答案"存入银行"，就是没人说，老师只好自己说。很多老师上课的第一个环节就是这样，绕来绕去，好几分钟绕过去，还没有切题。

类似这样一种课堂开头是在我们课堂教学当中所反对的。

还有一位老师学了名家的课例，借班上课一上来就问："同学们，你们猜猜我姓什么？"我心想：你姓什么跟这堂课教学没有任何关系，你爱姓什么姓什么。

开头应该怎么做？开头应该自然创设一个非常好的、和谐的环境。

举个例子，一个大学老教授上课，第一次接触一个新的班级，我们都知道老师第一次在一个新的班级上课，是不太容易上的，因为老师第一次看到这些学生，学生第一次看到这个老师，双方之间有一种莫名其妙的紧张，所以第一堂课一般会上得很硬，像我们这个班上刚刚开头我觉得很硬，我们很多校长连笑容都没有。上得很硬，上得很涩，上得很不爽，这个老教授怎么上课？上课的钟声响了，走到讲台中间，老师说：上课。班长喊：起立。老师说：同学们好。学生们说：老师好。按照常规接下来老师应该喊请坐，说：同学们今天我们开始讲《数学教育学》，今天我们讲第一章第一节第一个大问题的第一个小问题的 A 点。我们大学教授多半是这么上课的。哪知道我们这个老师不是这样的，上课的铃声响了，走到讲台中间，"上课。""起立。""同学们好！""老师好！"接下来按照常规老师应该喊"请坐"，但是这个老师没有喊"请坐"，而是用眼睛把所有同学全部扫描了一遍。老师说："错了，错了，你们喊我喊错了。"全班同学莫名其妙、面面相觑，老师说："我，是你们老师的老师，你们应该喊我什么？"全班同学一起喊道："师爷好。"一个"师爷好"，老师和学生因为第一次见面那种莫名其妙的紧张烟消云散了，一下子就进入那个非常和谐的场景当中了。老师觉得孩子挺可爱的，蜡烛式的一点就亮。孩子觉得这老师挺可爱的，老顽童一个。双方之间就走得非常近了，情感一旦近了，这个课就会上得很轻松，有味道。

接下来我们想探讨一个问题，就是到底教什么。我们过去讲教教材，老师上课干什么，教书的，教什么书，就是教课本、教教材，教材有什么咱就说什么，教材怎么说咱就怎么教，后来就变成教参怎么说我们就怎么说。老师备课就是备教参，把教参的内容转变成教学的内容，后来我们发现一个问题，就是市场上有很多教辅读物，这个教辅读物就是根据教参所进行的二次加工、三次加工，这样一来我们老师想说什么，学生基本都知道，老师就尴尬了。

举一个例子，我在上海带了一个语文名师培养基地，我是这个基地的主持人，每一期我带 15 个学员，每一个学员都要上一堂课，而且我都要评课。有一个老师上《再别康桥》，徐志摩的一首诗歌，他设计了很多问题，其中有一个问题是这样设计的，为什么叫康桥，为什么不叫剑桥，康桥就是剑桥，剑桥就是康桥，为什么标题不叫再别剑桥。课上完之后由我评课，我非常不客气地说了："我说你这个问题是无效问题，是无价值的问题，是伪问题。"我们这个老师不太服气，他这样跟我说，他说："程老师，这是教参上这么说的。"他以为这句话就可以把我挡回去，哪知道他说了这句话把我惹急了，我就说了一句非常极端的话，当然我这句话可能也有错误，我说："对不起，你知道什么叫教参吗？所谓教参就是错误的集大成者。"首先声明这句话是有错的，我用这样一句极端的话语，实际上是想要告诉他，对于教参一定要有自己的判断，一定要有自己的思考。

我曾经是上海市高中语文教材审查委员，我当然知道什么叫教材了，所谓教材就是这个学科的各方势力互相矛盾、互相斗争最后妥协出来的结果，教材有两大特点：第一，规范；第二，平庸。大家都认同的往往也是把棱角全部磨掉的。

那么什么叫教参，我也知道这个教参的编写过程，假如我是主编的话，我召集一帮人，来编制所谓的教参，我把编写教参的意义、目的、价值、原则，还有编写体例、方式方法，以及最后交稿的时间，全部说清楚了。若干时间结束以后，作为主编我把教参的稿子收上来，审查一遍，基本上没有什么问题，就交给审查机构了，之后就交付印刷厂了。换句话说在一个具体内容上有可能就是两三个人的智慧，这两三个人的智慧其犯错误的概率是很高的。

比如出一张高考试卷，一般来讲是6个专家，4个大学教授，2个中学特级教师，出题时间一个月，出完题目以后，再请这个学科一个很有水平的大学教授和一个特级教师，两个人来审查这个题目，审查完了以后修正，修正完了以后请当年的学生，二十几个学生，叫试测生，考一遍，看看有什么问题，然后再修正，这么多人反复修正，然后高考试卷定稿。高考之后公布出来，大家还是发现高考试卷存在一些问题，所以怎么能轻易地就相信教参呢？怎么能轻易地相信教材呢？教材也是会犯错误的。

据《法制晚报》报道，张作霖第六子张学浚的儿子张闾实日前指出，人民教育出版社2002年出版的高中《中国近代史》教材中的照片并不是自己的祖父，其实是属于另一位湖南督军何海清。何海清的孙女何全美表示，自己看到后也一眼认出了教科书中标注着张作霖名字的照片其实是自己的祖父何海清。（见文汇读书周报2013-2-1（3））

现在我们有些学校课堂教学改革的主要举措就是解放学生，为什么解放学生，因为发现学校教师在教学过程当中，实际上就是把教参的东西搬到课堂上，而且搬的水平还不是很高，于是干脆规定：老师别讲了，你们老师讲的这点东西学生都知道，干脆让学生自己来讲。于是出现了一些别具特色的改革举措。

我们今天不讲教教材，换一个概念，叫用教材教，用教材教人，用教材教学生。什么叫作用教材教人，不是教材有什么咱就教什么，而是学生需要什么我们才教什么；是针对学生的需求来进行教学的。不是根据教材的结构来选择教学的结构，而是根据学生的心理结构、学生的行为规则来决定教学的结构和规则的。这句话非常抽象，很难懂，把它展开来大家就知道了。

第一，什么是学生已经懂的？学生已经懂的作为教师你只需要检查就可以了，我们在这一个环节上发现很多老师有毛病，什么毛病，孩子已经知道了的东西，他还在喋喋不休、唠唠叨叨、没完没了地讲个不停，学生已经懂的，你只需要检查就可以了。

第二，什么是学生不懂的？但是请注意他看了教材自己可以搞懂一些东西的，学生的大脑不是一片空白，如果是一片空白你只要填充就可以了，学生不懂，但是看了教材自己可以搞懂一些内容的，你就让他看教材好了，看完以后让他去概括，让他去提炼，概括不到位你帮他，提炼不到位你帮他。

第三，什么是学生不懂，看了教材也不懂，他需要合作学习才可以搞懂的？那你就组织讨论和交流好了，实话实说，我们现在有些公开课的合作学习，纯属作秀，这个讨论纯属多余的，它不是真讨论，上课不到 10 分钟，老师就说："同学们，你们前后两排 4 个同学讨论讨论。"讨论不到 1 分钟就解决了。这讨论有价值吗？纯属无效讨论，另外所谓的小组讨论，小组的成员构成是有讲究的，不是随便前后两排 4 个同学就可以讨论讨论的，小组的成员之间要差异最大化才有价值，才有团队的价值。

我举一个例子说，我在建平中学担任校长，选拔了 3 个副校长，我是教语文的，我提拔了 3 个副校长，一个是教数学的，一个是教物理的，一个是教生物的，为什么？因为他们的思维方式跟我不一样，我们这个团队组合起来才能效益最大化。如果跟我思维方式相同的，我想到了，他也想到了，我没有想到他也没有想到，你说我要他做副手干什么？小组的成员差异最大化，这样组成的团队所进行的讨论才有价值。

第四，什么是必须老师讲的？学生不懂，看了教材也不懂，通过讨论还不懂，这个时候老师该讲了，这个时候老师再不讲的话，你的良心何在，你说学习某某学校的经验，把课堂还给学生。那我就追问一句："你拿了国家的工资，按照我们老话讲，你拿了国家的俸禄，你居然把课堂还给学生，你的良心何在？"该老师讲的时候，你就要讲。杜郎口中学把学生调动起来了，刚刚开始就是全部让学生讲，后来发现不对，老师还是需要讲一段时间的。该你讲的时候你必须讲好。

第五，如果老师讲了学生还不懂，那就必须实践活动一下了。你别以为老师所讲的一切学生都会听懂，老师讲了学生也不懂，教师就进行活动设计，就让孩子们实践实践、活动活动。

举个例子，我是语文老师，作为语文老师在课堂上肯定会讲到唐诗宋词，讲到唐诗的时候，我们肯定会提到边塞诗，讲到边塞诗的时候，大城市的孩子根本没有感觉。我曾经做了一个事情，带了600多师生，利用暑假从上海出发，包一辆列车，第一站到西安，看兵马俑、古城墙、大雁塔，孩子们立刻就能感受到厚重的汉唐文化。第二站到敦煌，到嘉峪关、到玉门关、到阳关，孩子们到了阳关，立刻就读懂了什么叫"西出阳关无故人"；孩子到了玉门关，立刻就读懂了什么叫"春风不度玉门关"。面对着茫茫戈壁，他一下就读懂了诗句的含义。第三站到吐鲁番，当时地表温度62℃，地理老师不用解说，孩子们就感受到火焰山的概念。第四站到天山、天池，到乌鲁木齐。所以特定的学习内容和特定的方式是相伴而行的。

我再举一个很简单的例子，比如，体育老师教孩子学游泳，你在教室里讲游泳的理论、讲浮水的知识、讲滑水的动作，但你就是不让孩子下水，你说孩子会游泳吗，孩子永远学不会，你只有把孩子丢到水里去，孩子才能学会游泳，他需要实践才能掌握。

什么叫作把课堂还给学生，什么时候该还，什么时候不该还，什么时候用什么方式还，它是有讲究的，不是简单的一句话就能解决的。需要我们去思考，然后根据学生的实际情况来做出安排。

关注教学策略的选择，老师怎么做，老师做得怎么样。关于教学方式、教学策略现在都在谈什么启发式，所谓的启发式，我们有很多老师就把它理解成为问答式，老师提问题学生回答，老师不断的提问题，学生不断的回答，这就是启发式。姑且承认这个启发式，我们还是发现这里头有毛病。问题之一，叫作机械问答。我曾经听了一堂很极端的课，这一堂课听下来，老师的问题一共117个，绝大部分是无效问题，一个问题抛出来，他要让孩子们思而得知，如果孩子们不假思索异口同声都能回答的问题，那就不是问题，我们老师设置的问题，一定要适度超越当下学生的水平，适度超越。

问题之二是什么，单一模式。单一模式就是老师提问题让孩子一起来回答，众声回答。这个众声回答会带来什么问题？滥竽充数！大合唱就导致滥竽充数，滥竽充数的最后结果是把学生的问题全部遮蔽掉了，你都不知道学生问题在哪里。

所以我建议各位校长，你们如果听课，千万不要坐在后面，如果有可能你就坐在前面，你去看孩子的嘴巴就知道了，我刚才说第一个看孩子的眼神，第二个看什么，看孩子的嘴形，孩子有些嘴巴虽然张着，但是声音很轻，他说错了老师都没有听到，有些孩子虽然嘴巴张了，但是没有吐出词来。这就把问题全部给遮掉了。合唱不太好，那就独唱，为什么不能让孩子独唱，独唱可以把问题暴露出来。

问题之三就是"即问即答"，什么叫作"即问即答"？老师提出问题，立刻就叫学生回答，有两种可能。第一种可能，学生可以回答，但是请注意，如果学生立刻就能回答，说明什么，说明你的问题没有价值，说明你的问题根本就不需要思考，所以没有价值，他已经会了。第二种可能，学生回答不了，回答不了的原因是什么，你不给他思考的时间，你说他怎么能回答，所以为什么我们的老师不能够让孩子闭上眼睛想一想呢。

所以我建议大家，如果发现这个情况，还是希望我们的老师给孩子一点思考的时间和机会，给孩子一点思考的空间，不要盲目地追求热闹。

这才是真正把课堂还给孩子，这才是课堂教学的意义所在。

老师教得怎么样，要看学生学得如何

老师教得怎么样，我们得看看学生学得怎么样。

从认知的角度讲，前面我们提到了崔教授讲的所谓增值，意义值、方法值、数量值，就是说原来不知道什么，今天知道了什么，原来不会什么，上了你这堂课以后会了什么。

从情感的角度讲，原来不喜欢什么，现在喜欢什么了，这就是这堂课的成效，我们看效果要关注学生的课堂表现，关注学生是否全员参与。我们有的老师课堂，出现3个同学睡觉了，他没看见一样，10个同学睡觉了，他跟不知道一样，这肯定是有问题的。要关注学生的情绪状态，听课的时候坐在前面的位置，你可以看到孩子的眼睛，情绪状态什么样，他有兴趣还是没兴趣，一眼就可以看出来。你要关注他的交往状态，什么叫作课堂，课堂最本质的特点，就是老师和学生当下的对话，这就是交往，这个对话的质量如何，产生了什么新的东西，这就是交往状态，对话的质量就是交往状态如何。

课堂教学的效度我们可以从眼面前这堂课来讲，可以从三个角度去评价。第一，教学目标达成度怎么样，教学目标达成度高，课堂教学效率就高。为什么老师要补课，补课的原因就是因为我们老师的课堂教学效率不高，所以他要补课。第二，学生参与度怎么样，学生的情绪是否非常积极、非常投入。第三，学生学习的幸福度如何，学生上你这堂课是否非常高兴，非常开心、愉悦、快乐，这堂课就是好课。

我们评价这堂课还可以从长时间的角度来考虑它，长期效果来讲。用"三化"来说，这"三化"是我杜撰的，没有必要去当真，我所表达的意思是课程标准的三维目标，我们应该整体关照、系统地看，而不要简单地机械化对应，我前面说的专家的看法，脑中有纲，有课程标准，就是系统地看。但是就某一堂课而言，其实有时候我们也可以管中窥豹，也可以推知整体情况，比如数理化老师起码有一个目标，就是培养孩子的科学态度，我们就追问一句什么叫作科学？科学有两大特点：第一，可证实，第二，可证伪。所谓的科学态度，起码有实事求是和批判精神，这两种意思都必须存在。但是如果这堂课都没有让学生提出哪怕一个问题，哪怕让孩子质疑一次，你怎么培养孩子的批判精神？你怎么培养孩子的科学态度？这就是借一斑窥全豹。

我再举一堂物理课为例，这堂物理课学生在学习之前、之中、之后没有任何错误，这一堂课上完以后学生没犯一个错误；学生没有任何不解，全部理解了，整堂课老师讲的全懂了；学生没有任何不会，全会了；学生没有任何问题，全掌握了。评课的时候我就说，这堂课学生没有任何失误、没有任何不解、没有任何不会、没有任何问题，不是这堂课效率最高，而恰恰是这堂课最大的问题。我说如果不看整堂课的教学过程，基本可以判断这堂课教学目标定位有问题，老师教的孩子都是会的，所以目标过易。看了整堂课的教学过程，我发现不是目标的问题，而是这个老师课堂上的原因。什么原因，教师抛出问题之后，又不断地对这个问题进行解释解释再解释，所有解释都包含了答案，所以孩子们根本不需要思考就会了，所以孩子就没有犯任何错误。我们的老师给了诸多解释，好比是给了很多拐杖、支架，但我们的老师唯独没有给学生方法，我们老师始终是牵着孩子鼻子走的。试问今后没有拐杖，学生还会走吗？你始终不断地解释不断地解释，再傻的孩子也会了。你就是不给孩子独立思考的机会，你就是不给孩子如何思考的方法，那就有问题了。

新课程理念认为课堂教学不但是知识学习的过程，而且是老师和学生共同成长的过程，是激情和智慧综合生存的过程，所以需要我们进行精心设计，包括知识，包括生命成长，包括激情和智慧。

必修课是基础性课程，是最主要的，是教学质量的关键所在，所有的校长都必须面对这个问题。实践中问题也是最多的，我不知道各位校长你们听过几次课，一个学期能听几堂课，如果你听课，认真听下来你就会发现，其实我们老师课堂上问题最多的就是必修课，因为它任务最重，因为它课时最多，犯错误的概率也最大。而且当下可能会最容易被校长忽略，因此我们更应该认真对待。

如何评教，我建议大家一定要把学生的因素摆进去，我们当然应该听校长的、听教务主任的，应该听教研组长的，应该听教研员的，但是最重要的一定要听学生的。我就问一句，在座的校长，你们一个学期能开几次学生座谈会，我不知道在座的校长一个学期了解教学情况的座谈会开过一次没有，我建议你只要开一次就可以了，你开一次意味着什么，分管教学的副校长就要开三次，你重视了，分管教学的副校长肯定要重视，那么教务主任就要开五次。那么学生的实际情况都能够了解到了，学生对课堂的认识，学生对课堂的反应，学生对教学当中的问题就会全部暴露出来。不去开座谈会你怎么知道学生的问题在哪里，你怎么知道学生的要求在哪里，你怎么知道学生的企盼在哪里，所以教学管理，这个环节是非常重要的。

改变一点点，最后真的一点点改变

我们学校教育管理的基本矛盾是什么，是管理资源的有限性，人财物，时间、空间、信息，就这么点东西，但是提高教育的效益却是无限的，这就矛盾了。我在各地做报告时，有些学校的老师、校长就说，你是上海市，你是建平中学，我们这个学校老师不行，什么也不行，钱也没钱，人也没人。我说任何学校都是这样的，都是资源的有限，与提高效益的无限要求相矛盾，这个矛盾有办法解决，这是我们教育管理的逻辑起点，这是我们教育管理的一个基本特征。教育工作是长周期、迟效益，我们做一点改革，它需要很长时间才能产生效益。比如说我们建平中学课程改革，不是马上就产生特级教师的，也是过了好几年慢慢成长的，2009 年水到渠成，我们 2009 年之前是 1 个，每次评选有 1 个老师评上特级教师。2009 年井喷了，4 个人同时评上特级教师。任何一点改变都需要一个慢周期，不是说立竿见影，马上就会产生变化。

管理是干什么，就是对于现有的人，现有的资源，进行整体的运筹，进行整体的优化组合。学校就这几个人，但怎么排兵布阵是我校长的事情，把合适的人放在合适的位置上，这就是校长应该做的事情。人尽其才，关键在搭配。要达到 1+1 大于 2 的效应，提升学校教学的效率、效益和效能，但几个人，这几条枪，这点钱，这么点环境，你也没有什么别的东西，但是你组合权是有的，组合的权力在你校长手上，你需要好好利用它。

学校教学过程管理，第一个要有详细的计划，课程实施的计划在哪里，我们开学前的第一件事情就是建构这个计划，而且落到非常具体的环节。我们建平中学实行的是 ISO9001 质量管理体系，具体到什么程度，每一个月干什么，每一个礼拜干什么，每一件重大的事情在什么时间做，谁来做，按照什么标准做，谁来评估，都有非常清晰的安排。这个计划出来之后，开学的第一件事情就是组织两个听证会，一个是教代会代表的听证会，就是老师要认可，听证会老师觉得你这个计划有问题，有什么不合实际，有什么需要改变，有什么需要补充的，他会提出意见。第二个听证会就是学生代表听证会，学生说我还需要什么东西，我不希望什么东西，他也会提。这样这个计划就会非常符合老师学生的诉求，把这个东西定好了之后，目标分解到各个处室，我们有一张非常大的表格，大家一目了然，这个事谁来做，什么时间完成，然后老师们各司其职。

但是这里有一个很重要的问题，任何好的计划都有毛病，任何预先设计好的计划可能都会出现新的变化，所以这需要沟通，需要改进，需要倾听，校长需要倾听。

建平中学有两个举措，第一，听老师的，我们有一个教育沙龙，每个月的最后一个礼拜的礼拜四的晚上，我们事先发布话题，老师感兴趣的自愿留下来，我们最多一次六十几人，最少的一次十几个人，围绕一个话题大家谈建设性的意见。老师有个特点，天生爱说话，你让他说好了，老师爱说话你就听他说，你把他有道理的意见吸收进来，然后放到工作计划当中去，当他的想法变成行政命令的时候，你会发现老师会非常认同。我们也听学生的，一个礼拜听一次，我们一个礼拜有一个班级学生轮流值周，负责管理学校日常情况，他们把问题暴露出来，星期五上午行政例会，第一个事情，就是我们值周班的班长和团支部书记汇报本周的情况，我们立刻加以改正。最后有一个合理的考核评价。

什么叫作管理，管理就是让人做事，什么叫作管理的科学性，科学性就是让人高效地做事。所以计划一定要具体、一定要细致、一定要明确，所以我们实施ISO9001，不要做那些莫名其妙的事情。什么叫作管理的艺术性，管理的艺术性就是让人愉快地做事，这也是不容易的。我前面讲了，为什么要听证会，计划建立之初要听证会，听证后才能取得参与者的认同，计划执行的过程当中，为什么要有教育沙龙，为什么要听取老师的意见，就是要让老师认同，只要认同，他才会愉快地去做事。管理既要科学又要艺术。

教学过程有五个环节，常规环节包括：备课、上课、作业练习、反馈辅导、测试评价，这五个环节中仍存在很多不合理的现象、不科学的现象。

这里只说"考试"这个环节，我们所有的学校都要测试，我们首先搞清楚为什么测试，针对什么测试。一定是针对我们的教学进程，针对学生的学情来进行测试，而不是随便考试。我们一些负责人特别喜欢考试，比如教务主任非常喜欢考试，我们的教研组长非常喜欢考试，我们的年级组长非常喜欢考试，他们总是提要求：校长我们要模拟考试。讲多了我就烦了，我在教工大会上，当着全校教工的面，我说你们都喜欢考试，我想说一句话，估计你们没有听过的，英国有一个教育谚语这么说，不断地给猪称体重，是无助于增加猪的重量的。你反复给他称体重，有什么意思，他一共只有这么点重量，你今天模拟明天模拟，他就这点重量。问题的关键就是发现他的问题帮助他解决问题，所以我反对两种做法，第一种做法是联考。我不知道你们的情况是什么样，我们上海有这种情况，喜欢 5 校联考、10 校联考、8 校联考，这个我是反对的，你偶尔参加一次倒也罢了，你反复去参加就有问题。5 校联考、8 校联考、10 校联考，他们绝对不会针对你的学校的学生的实际情况来命题的，绝对不会针对你的教学情况来命题的，是针对他们学校的情况命题的，谁命题就是针对他的学校的情况来命题的，这是我反对的第一种情况。第二种情况，盲目的迷信所谓名校的试卷，比如很多学校喜欢跟好学校攀亲，你这次期中考试，你这次模拟考试试卷，让我们学校也同时用一下吧，我说：对不起，你傻不傻，我说我们学校的试卷一定是针对我们学生的情况来命题的，绝不会针对你们学校的学生来命题的，这个试卷我可以在第一时间给你，但是请注意，你一定要加以改造。

第二，我们测试的具体目标是什么，要进行知识分解、能力分解。测试的重点是什么，分数的布局怎么样，谁来命题？学校老师喜欢拿来主义，现在试题很多，随便扯一张过来就来考试了，我反对拿来主义，我说一定要我们老师自己命题，最好是一个人命题，为什么一个人命题，学会命题也是我们老师的基本功。

如何讨论，先看题再论题，我反对一种轻描淡写的讨论，我认为应该狂轰滥炸式地讨论试题，把问题全部兜出来。如果我在高三，语文第一次模拟考试的试卷，肯定是我命题，我命完题以后，让我们所有的老师一起来狂轰滥炸。下一个老师命题的时候，我们一起来狂轰滥炸，有时候彻底把试卷颠覆，重新再来，这样老师才能真正成长起来，老师上好课还要命好题。谁来审题、谁来校对，审题的基本原则是什么？基本原则起码包括几条，这道题有针对性吗，这道题目标清晰吗，这道题题目科学吗，比例协调、答案正确吗，答案是不是唯一的，我们有些答案根本就不是唯一的。

题目符合当下要求，符合明天的发展趋势吗，题目有新意吗，题目是自己创造的吗。我们的一张试卷应该有两个人的名字，第一命题人是谁，第二审题人是谁，责任自负，一定要建立一个非常标准的科学的规范。

题目的科学性，我们就举一个例子说，一个老师问学生：一个春天的夜晚，一个久别家乡的人，望着皎洁的月光，不禁思念起了故乡，于是吟起了一首诗，这首诗是什么？孩子说：举头望明月、低头思故乡。老师说：错。答案是：春风又绿江南岸，明月何时照我还。这不荒诞吗？可以是明月何时照我还，也可以是低头思故乡，也可以是其他的东西，这个出题者就抠着春天，一定要春天的夜晚，有必要吗，这就荒诞了，题目不科学，标准答案不标准了。

测试的进程，我们组织测试必须真实地验证，这大家都非常理解。这里介绍几种考试方法，考试并不是只有一种模式，还可以有别的模式。第一，分项考试，综合评价。比如语文，把它分成说话阅读、背诵、写作，考试时间短，难点分散，有利于减轻学生心理压力，然后再进行综合评价。第二，考砸了再考，考到优秀为止。为什么只能考一次，能不能让孩子选择性的考试，我不满意这个成绩，我继续考，一直考到优秀为止，把最好的一次考试成绩记录在他的档案袋中，这是鼓励孩子成长的很好的方式。这样一来，你会发现学生追着老师要求考试，你通过考试促进学生发展的目的也就达到了。第三，挑选考试，考出水平来。我们考试的试卷可以分成几个层次，根据学生自己的需求，可以考出不同的水准来，有选择，就有责任。第四，开卷考试，考出能力来。开卷考试，学生感到新鲜有趣，学生可以调动自己的学习资源，开卷考试也是一种学习的新尝试、新方式。第五，学生出卷，老师来监考。学生出的试卷大家来考试，我也干过，我教高三的时候，经常这样，一种方式是选择几个同学的试题拼成一个试卷，一种方式是把全班同学的试卷组合成一张试卷，然后老师来监考，孩子出题的过程，就是他重新梳理总结知识的过程。第六，分组考试，研究试卷。可以分成不同的兴趣小组，让他们做不同的题目，我们有小组合作式学习，也可以小组合作式考试。第七，合格考试，不排名次。大家都是按照合格标准，只要合格就可以了，不需要排名次，为什么每次考试都要排名次？第八，等级考试，逐步达标。分成等级，一级一级往上排，给孩子一个上升的机会和空间。第九，竞争考试，激发兴趣。考试可以变成竞赛，设优秀奖等等。第十，保密考试，面批试卷。针对个别心理压力过大的学生个别化考试，考试之后我当面跟他谈，不需要面向大家，减轻他的压力，效果很好的。所以考试不只是一种方式，考试永远只是手段，而不是目的。

测试之后很重要，考完以后是讲评，是全班性讲评，还是个别性面谈，我的观点是要面向每个学生，要针对每一个问题，要为明天负责任。

我有一次听一个数学特级教师的试卷讲评课，听完以后，我非常恼火，原因在哪，这个老师只讲答案不讲问题，考试干什么，考试就是为了暴露学生问题，针对学生问题，帮助他们解决。有些老师稍微好一点，但是只讲问题，不讲原因，为什么造成错误学生搞不清楚，这个讲不一定是老师讲，你也可以找学生来讲。有些老师稍微再好一点，虽然讲原因，但是他不讲规律。有些老师再好一点，虽然讲了规律，但是没有讲方法。你往前看，这些都是递进关系，这是好的讲评课的标准，逐层递进，逐层提高的。既要讲答案，还要讲问题；既要讲问题，还要讲原因；既要讲原因，还要讲规律；既要讲规律，还要讲方法；既要讲大家情况，还要讲个别学生犯的错误。

我刚刚说我听了那个数学特级教师的课，听完以后我一肚子火，我非常不客气的数落一通，他好像不服气，我立刻从我的电脑中调出我的试卷讲评的教案，马上给他看，他一看没声音了，服气了。我的试卷讲评是怎么讲的？第一道题只有 3 名同学错了，3 个同学的错误分别属于两种类型，他们分别叫什么，分别是什么原因造成的。第二道题 18 个同学犯错误，18 个同学犯错误其实可以分成三种类型，第一种类型是什么原因，什么规律、什么方法，第二种是什么……我把所有犯错误的同学的名字，全部报出来，结果所有的孩子眼睛瞪老大，注意力高度集中，某某同学平常成绩很好，为什么在这种问题上犯错误，他犯错误的原因是什么，他就会认真去听，当事人更加认真。效率很关键。

什么叫作应试教育，什么叫作素质教育，应试教育和素质教育，我们总是把它对立起来，其实不是这样的，你把素质教育做好了，分数也会提高，而且提得很高。我高一、高二从来不做题，我到高三才做题，但一定要把规律、方法和技术让孩子们来发现，让孩子们自己去寻找，让孩子们自己去获得，孩子们终生难忘，让孩子们明确如何去改进等等。

英国有一个学校叫里丁肯德里克中学，每一个学生入学的时候，要和老师一对一的讨论个体的长期目标，这很关键。一对一的讨论目标，每个学期都有成绩分析日，老师都会和每个学生单独讨论学生目标达成情况，这很重要。我进入高三以后，所有的学生作文全部是面批，当面跟他谈，谈他的问题，如何解决他的问题，全部是面批。

所以我想改变一点点，最终将一点点改变。我这里讲了这么多，很可能我们在座有些校长会说，你是上海的建平中学。我想说：改变一点可以吧，最终就真的一点点改变了。一定要加强思考、加强研究，一定要把工作做得细致一点，重在评价，你对老师要有评价，你得告诉老师你错在哪里，你要怎么去发展自己，你应该怎么样才能把事情做好，重在评价，赢在执行。

课堂教学能模式化吗？

关于教学模式，我想谈三个问题：（1）关于教学模式；（2）我对教学模式的研究；（3）关于教学模式的反思。

一、关于教学模式

大家知道，教学模式是一个非常稳定的教学活动的结构框架，是一种活动程序。语文教学是科学，语文教学既然是科学，当然就得建模。我在明德实验学校，带的绝大多数是应届毕业生，第一次走出校门，第一次接触学生，第一次见到家长，而且都是具有较高文化水平的家长。所以我跟他们讲，"你们很重要的一点就是建模。"人与人之间的关系其实也要建模，老师和学生之间的关系，学生和学生之间的关系，老师和家长之间的关系，校长和老师的关系，都要建模。也许刚开始没有意识，可最终都会形成一定的模式，这个建模是必需的，少不了的。

讲到这里，想想，我对这个问题，到底做了些什么。说到这里很惭愧，语文教学是我一直在思考的问题，一直在琢磨的话题。但是长期以来，从2003年担任校长之后，语文教学退居第二位了，我对语文教学的研究成果，集中在 2003 年以前。我们提倡老师要读书，我个人建议，读书要读经典，读当代老师的书最好读他大脑的东西。

我们知道，语文教育前辈有许多都做了模式研究。钱梦龙老师有模式研究，魏书生老师有模式研究。我们很多老师的语文教学模式研究刚开始都是一篇课文的教学，或者是一堂课的教学结构、教学程序，一般都是这样。后来慢慢地，随着时间的推演，有的老师觉得一篇课文，一堂课的教学研究不够，于是有了单元教学法。如广东顺德钟德赣老师的中学语文反刍式单元教学，首都师范大学教授饶杰腾还出了一本书《语文单元教学模式》，四川的颜振遥老师也有相关的单元教学模式。由单篇课文或一节课的教学结构或教学流程研究，进而到一个单元的教学模式研究，当然是一种进步，包括王荣生老师，什么定篇、例文、样本、用件之类的，也是在进行模式化研究，建立一种模式，通过教材模式影响教学模式，都是有可取之处。

二、我所做的模式研究

作为老师，我在想，这么多名家，都有教学模式，好像我也算有点小名气的人，我想我是不是也要创立一种模式。后来想了半天，也来凑个热闹，我也研究教学模式，让大家看看，程红兵到底是咋样的教学模式。

我做了两次研究。第一次的研究成果我称之为"整体阅读语文教学模式"。什么叫整体阅读语文教学模式？我是基于那个时候的碎片化教学，那个时候虽然还没有碎片化教学这个概念，但客观上语文教学出现碎片化，太注重扣细节，太注重于对细节的研究和琢磨，总要在寻章摘句中，找到所谓的"微言大义"。当然，有的找得非常漂亮，同时我们也发现，可能有些在找微言大义的过程中，把文章整体性的东西忽略了。所以，我是基于碎片化的现象，提出自己的想法。所以我们的语文阅读，是不是着眼于整体，是不是居高临下地来驾驭，是不是注重部分和部分之间的联系，细节和细节之间的联系，最后它凸显的是什么，是不是着眼于这些地方。这是我做得非常幼稚的一个研究。

第二次研究是所谓教育部特级教师专项计划的课题。我们都在搞教学模式研究，我们也常常提到叶圣陶老人说的一句话，语文教学，"教是为了不教"。

从开始的"教"到最后的"不教"，不是一蹴而就的，不是一下子解决问题的。它是一个过程，是一个渐进演变的过程。任何教学模式都有它的可取之处，都有它的价值所在，但是如果你用一种模式覆盖所有的教学，坦率地讲，可能就有问题，说白了，老师腻味不腻味？学生腻味不腻味？

在众多的教学模式中，由开始的接受老师教，到后来的不用老师教而让学生自己来学习，我提出"模式群"概念，基于师生主客体关系是一种相互主体渐变关系，由老师的"教"到老师的"不教"，是由一系列过程组成的，渐进演变的过程，做了这样的探索，构建"模式群"。语文教学是多种多样的，自由自在的语文生活，语文模式的研究，不是静态的研究，而是动态的研究，它是着眼于学生变化的研究。

从小学到初中，从初中到高中，从高中到大学，本科到博士，孩子是慢慢独立成长的，教师也顺应学生的变化而变化，保姆式的，师傅式的，老师式的，然后再是导师式的，遵循这样一个过程。

三、反思教学模式

教学模式，有没有问题，有人问于漪老师，您的教学模式是什么？于老师说，我没有模式。于漪老师所说的"没有模式"就说出了语文教学艺术性的关键所在。

模式很难建，创建一个模式要有理论阐释，相关的实证性的研究。要说模式好建也好建，有人做过研究，目前我们中国的教学模式多达6900多种，我们把所有模式放在一起加以比较，就会发现，甲模式和乙模式，A模式和B模式，有差异，但差异是非常细微的，或许只是增加一个环节或者减少一个环节，或是换一个概念，或强调一个什么东西。模式建构到了今天，我们要反过来想，解决了多少问题，还有多少问题没有解决。

就对模式本身的研究来看，我们可以进一步探索，模式建构本身有问题吗？我觉得可能是有问题的。问题在哪里呢？我觉得我们是不是太着眼于形式化的东西，形式化的程序。我就问一句：我们建构的许多模式，这些模式有例外吗？换句话说，我们课堂教学丰富多彩，模式之外有例外吗？这是一个问题。我再问一下，有没有相反的情况，再问一下，模式有一定的规律，是不是还可以进一步反问，模式是不是有活力？模式有没有一定的弹性？什么样的模式既能考虑到它的基本规律又考虑到它的弹性。换句话说，我们经常讲一个概念，它有没有张力呀。我们再问一下，我们所有的形式，我们语文教学的这些形式包括我们今天强调的以学生为主体，包括广东郭思乐教授提出来的"生本教育"，有道理吗？好像有道理。但我个人觉得，当把一种东西推到极端的时候，它一定是有问题的。

我们经常听到很多专家说把课堂还给学生，我听了是很不在意的。什么叫把课堂还给学生。课堂最本质的特点是老师和学生当下的即时性的对话和交流。如果你把课堂还给学生，那就不叫课堂了。

我们竭尽全力建构一种绝对化的模式，并且利用行政的力量推而广之，这里面有问题吗？我们要追问：课堂所采用的各种形式目的是什么，都是为了学生。好了，我们再往下追问，为了学生什么？我个人觉得重要的是要激活学生的思维。你不论用什么方式，用什么手段，说到底，你应该激活学生的思维。所以说，模式不能僵化，要有多元模式，我说模式不能僵化，僵化的模式一定导致思维的僵化。老师是僵化的，学生也一定是僵化的。如果学生不僵化，一定是反叛你的教学，不是接受你的教学。我们思维僵化，肯定会导致孩子思维僵化，孩子们的所谓主体意识根本没法激活起来。古语说，"取法乎上，仅得其中；取法乎中，仅得其下"。如果老师自我放逐，在课堂上不作为的话，那么学生和学生之间的交流和学习怎么体现"取法乎上"呢？换句话说，如果老师不引导的话，还要你老师干什么？

模式的建构，除了形式的规程，我们还有什么？模式的研究，模式的建构，可不可以有变化？再问一句，模式的建构是不是也应该有一定的张力？我在明德实验学校，我也在不断建模，让老师建模。我跟今天的明德老师讲：我们是不是能换个角度看问题，我们一切的形式，说到底根本目的在哪里——激活学生。如果这个是可以承认的话，那么我就引出另外一个概念，叫作"思维流量"。衡量一节课的好坏，看这节课老师和学生之间的思维流量到底怎么样，老师流出多少，学生流出多少，流出的质量到底如何。

"思维流量"是我组装的一个概念。课堂当中，师生对话，激活学生思维，让孩子信息流量，思维流量更加充分，让孩子在思维的过程中思维的广度、思维的深度，能够得以提升，孩子在课堂学习过程中形成许多积极有益的思维方法，进而培养一种思考问题的习惯。我们都在讲以学生为本，到底"本"是什么，到底要学生干什么。老师千万别自我放逐，否则就是老师责任的丧失，和学生自己学没有什么差异。

翻转课堂，风靡一时，什么翻转课堂，颠过来倒过去，有用吗？肯定有用。有问题吗？肯定有问题。说到底还只是形式上的变化。形式上的变化，为了什么，目的是什么，可能值得我们掂量掂量。

上上周，我跟明德老师培训，我就提出了"批判性思维"，课堂上如何培养孩子们批判性思维。我们能否在课堂中让孩子掌握一些思维的方法，形成一种思维的习惯。比如多角度看问题，真的很难做到。

我举一个历史课的例子。比如讲朝鲜战争，我们可以把人教版的这个历史教材当中关于这场战争的起因什么的，全都呈现出来，然后我们去讨论。无论你是用翻转课堂还是不用翻转课堂，无论怎么翻，得出的都是一个结论，就是人教版的结论。假如我们换一种方式，比如把人教版的教材这个结论给学生看，把朝鲜教材的关于这一章的内容给孩子看，把韩国教材关于这一章的内容给学生看，把美国、俄罗斯的教材，关于这一内容的五种不同版本的教材通通给孩子看，那么孩子会形成什么样的概念？那么孩子看问题还是单一的角度看问题吗？久而久之，我们的学生会养成一种什么样的思维方式？

我们应该教孩子思考的方式。当孩子没有的话，你必须告诉他；孩子不会的话，你必须教他。当孩子在低层次、浅层次的时候，你必须让孩子提高层次。简单地让孩子们展示，孩子们都在展示他原有的水平，结果没有提升，原本是什么水平，仍然是什么水平。

再比方说，我们是否可以引进对立思维，或者说矛盾思维，或者说双向思维？有一个历史老师讲美国独立战争。美国独立战争这课怎么上？先给你看一个小视频，这个视频是站在英国人的角度拍的，对美国人当年抗税，加以评价。站在英国人的角度，认为这是错的。看完以后，学生心中有了观点了。老师接下来再给学生看另外一个视频，是站在美国人的立场上，评价美国人当年抗税的事情，完全是美国人的立场，和英国人的立场完全是针锋相对的。当你给孩子提供两种观点截然相反的视频的时候，孩子的思维就活起来了。

我们老师最重要的是，让我们的孩子成为一个聪明的人，让孩子学会思考问题，而不是给他现成的结论。我听了太多的课，当然展示的好处，可以使孩子活跃起来。但很多展示只是展示教辅读物上现成的答案。这是我非常恼火的，尤其是所谓优秀学校仍然是这样，让我非常反感。

过去我们常讲辩证思维，现在换个概念比较时髦，批判性思维。我们老师上课，自己都没有批判性思维。

前段时间，我听一位历史老师上课，初一年级历史课。讲隋朝，隋朝为什么能统一中国。老师列出三条理由，估计是教参上的理由或是教科书上的理由。其中有一条理由是人民厌恶南朝陈统治者的腐朽荒淫，所以人民盼望统一。完了之后，我跟老师交流。我说人民厌恶南朝统治者的荒淫腐朽和人民盼望统一有必然联系吗？人民厌恶南朝陈统治他们就一定盼望统一吗？这是没有必然联系的。南朝陈统治者不行，我们换一个行不行？陈不行，我们换周来当皇帝，不就解决问题了吗？都是南朝的嘛，陈腐朽了，周不腐朽，就让周当好了。我们是不是可以把下面这些事情跟学生讲讲：为什么苏联一夜之间就蜕变了？为什么昆明还会出现这种事件，维吾尔人想干什么？想独立呀。香港一些人为什么闹事？他想独立呀。他为什么要独立？

我们现在老师提供给孩子的都是套路式的结论，它是不解决问题的结论。比如历史课讲隋朝为什么能开通大运河，三条理由，国家统一，经济繁荣，前代有基础。经济繁荣就一定能修大运河吗？看看中国的现实就知道，新中国成立以后的水利建设，主要是五六十年代做的。我们今天其实还在享用当时的水利建设的红利。经济繁荣和大运河开通有没有必然联系？你要让孩子思考。你是要把孩子教成傻子，你就给他提供套路式的结论；你要是想把孩子教成聪明的孩子，就要激活他的思维，这值得我们掂量掂量。

再举一堂历史课。"伐无道，诛暴秦"，提到陈胜吴广起义。陈胜吴广起义的意义在哪里呢？就在于它极大地鼓舞农民起来推翻暴政。对不对？教材上说的肯定是对的。老师只认识到这个层面。你就知道这一点，你就跟孩子讲这一点管用吗？考试可能是管用的，可对孩子的成长是不管用的。应该还给孩子讲什么，讲马丁·路德金，讲曼德拉，讲圣雄甘地。用什么方式来表达自己的诉求更好，人民用什么方式来表达诉求？批判性思维，首先对我们老师来讲是最大的考验。

基于思维流量的语文课堂模型群建构

本文先解释语文课堂模型、课堂模型群的概念，然后明确思维流量的所指，之后重点介绍这个模型群建构的思路和方法，即共同要素的提炼与组合，最后概说国际评估理论对语文课堂模型建构的指导意义。

一、语文课堂模型与课堂模型群

课堂模型，简称"课型"，用英语表达就是 lesson type，其实就是课堂教学结构形态的抽象描述，是由赫尔巴特在《普通教育学》中首次提出的。那么所谓语文课堂模型，当然就是语文课堂教学结构形态的抽象描述。

关于课堂模型的分类，华东师范大学崔允漷教授做过相关的研究①。美国学者古德和布罗非是基于师生关系来研究这个问题的，他们将课型分为：不能应对、贿赂学生、铁腕手段、与学生合作这四种类型。

日本学者佐藤学是基于共同体的性质来研究的，他将课型分为：原始共同体课堂、群体型课堂、学习共同体。德国学者希尔伯特·迈尔则将课型分为：直接教学、开放式教学两种课型。我国学者王鉴是基于叶澜的关

① 详见《全球教育展望》2015-1《新课程改变了中小学课型了吗》。

注生命来研究的，他将课型分为：知识课堂、生命课堂两种课型。华东师大崔允漷教授是基于师生行为表现来研究的，他将课型分为：讲授型、互动型、指导型三种。

为什么说模型而不说模式呢？主要是鉴于今天许多学校、很多教师大谈模式，且一说模式就是百战百胜的，具有无限能量，并且极想定于一尊，放之四海而皆准，片面夸大成效，回避问题，引来善良而急切希望改变教育落后面貌的领导、教师纷纷学习，结果可想而知。这里为了避免重蹈覆辙，笔者刻意回避"模式"一词，代之以"模型"，并刻意切割"模式"与"模型"原有的关联、原有的类同，把"模型"与"模式"区别开来。人们在教学中通常所说的课堂教学"模式"，往往指课堂教学的"程序建构"，侧重于课堂教学的"程序步骤"，一个十分明显的特征是"程式化"，一不小心就容易刻板机械，比如课堂教学第一步做什么，第二步做什么，一共有几步，或者老师讲课只能多少分钟，学生展示必须多少分钟等等。我所说的课堂教学"模型"，指的是课堂教学"要素提炼""要素组合"，即先将课堂教学的要素提炼出来，然后根据语文课堂教学的不同目标、不同情况将这些要素选择性地加以组合，组成多种课型，具有灵活性，富于弹性张力，那么就不是一种单一的课堂教学模型，而是由一系列课堂教学模型组合起来的模型群。

语文课堂教学模型的建构需要有相关的理论支撑，一是教学理论或学习理论，二是思维理论，三是评估理论。笔者认为教学理论中的变异理论，思维理论中的批判性思维理论，PIRLS、PISA 两种国际教育评估理论，对语文课堂教学模型的建构有着直接的指导作用。

二、课堂对话与思维流量

课堂的本质是师生之间的即时性对话交流，语文课堂的本质就是语文课上师生之间关于语文的即时性对话交流，对话的核心意义在于激活学生的思维，从而真正提升学生的语文能力，评价语文课堂效益如何、价值如何，首要的标准就是思维，就是看课堂当中的思维流量到底如何。很显然"思维流量"这一概念是迁移过来的，"流量"一词百度的解释是这样的："在规定期间内通过一指定点的车辆或行人数量。同时在网络上的意思是：在一定时间内打开网站地址的人气访问量！"我们使用"思维流量"这一概念，其内涵所指就是课堂上学生思维流动的量，也就是学生在课堂上思考了多少有价值的问题，学生思维的梯度如何，学生思维的价值意义如何。杜威说："不断改进教学方法唯一直接的途径，就是把学生置于必须思考、促进思考和考验思考的情境之中。"他还说过："困惑是思考的不可或缺的刺激。""思维流量"这个概念的提出，有意识地针对当下语文课堂上流于表面的形式主义现象，有意识地否定当下语文课堂无效对话、无意义讨论、无价值展示的现象，有意识地批评课堂上一味追求热闹、导致轻轻地滑过文本的教学现象，当然同样反对远远离开文本的刻意创新，同样反对不切学生实际的所谓理论深度。强调语文课堂应该追求源于学生又适度高于学生的对话交流，以激发学生有意义的思维。

研究语文课堂教学中学生的思维流量，将突破当下语文课堂教学研究局限于形式变化、忽略课堂本质特征的现状。杜威认为，好的教学必须能唤起儿童的思维。所谓思维，就是明智的学习方法，或者说，教学过程中明智的经验方法。在他看来，如果没有思维，那就不可能产生有意义的经验。因此，学校必须要提供可以引起思维的经验的情境。

　　这个课题的理论意义在于首创思维流量这一核心概念，我们将进一步解说并界定概念的基本要义和外延，迄今为止，国内外尚无思维流量的概念建构与理论研究；通过深入的研究探索，将同时创建课堂教学思维流量、语文课堂教学思维流量等相关核心概念，解说并界定这些概念的内在含义和外延，阐释相关的模型假说，建构以思维流量为核心的语文课堂教学模式群的理论假说，建构以思维流量为核心的语文课堂教学评估标准的理论假说。

　　其实践意义在于建构以思维流量为核心的语文课堂教学模型群，建构以思维流量为核心的语文课堂教学评估标准，改善师生语文课堂教与学的行为，提升语文教师自身的思维品质，培养学生的批判性思维能力，提升学生的整体思维水平。

　　事实上国内外研究批判性思维的培养已经成为一种时尚的研究，大量的成果已经出现，并逐步引入中小学课堂，但基本是作为一种单独的教程，局限在介绍思维方法，并没有与学科教学水乳交融地结合起来。

　　国内研究课堂教学模式的成果也颇为丰富，据不完全统计所谓课堂教学模式已经多达6000多种，但基本停留在课堂的教学程序和教学步骤上，所谓课堂教学建模更多的是形式上的增加步骤、减少步骤，比如五步教学引读法、四步骤六环节课堂教学模式等等都是属于这种类型的教学模式；或者是顺序的先后变动，比如当下流行的翻转课堂就是学与教的顺序颠倒。当下课堂教学模式研究缺乏更进一步的基于思维流量的课堂教学模式或模型研究。

　　研究语文教学的思维能力培养也有不少的成果，但也是仅仅停留在思维方法本身而已，缺乏研究课堂教学中的思维流量，缺乏通过师生对话以激活学生思维的课堂本质研究。

三、共同要素提炼与要素组合

语文课堂教学中激活学生思维有哪些基本的要素？这是基于思维流量的语文课堂模型群建构的关键之所在。笔者以为至少有以下几种要素是主要的。

首先要聚焦行为。语文课堂教学目标的设定必须聚焦于学生行为及其达成，因为只有学生行为才能真正激发学生思维，只有学生行为才能促进学生思维，学生思维反过来激励并促进学生行为的有效达成。一段时间以来，很多教师按照课程标准的三维目标制订了语文课堂的三维目标，十分机械，其实三维目标是一个行为的三个方面，不是三种目标，不是三样东西，因为行为本身就承载了知识与能力、过程与方法、情感态度价值观，是三位一体的，没有脱离三维目标的孤立的学生行为，三维目标也只能通过学生行为来体现并落实。所以语文课堂教学目标要聚焦学生行为，还可以进一步列出行为条件，进而给出水平要求，也就是说在语文课堂上让学生在多少时间里做什么事、做多少事、完成的质量如何，给予明确的设定。这就是包含了情感态度价值观的"行为目标"。

理解迁移讲究还原。第一种还原是还原当时作者所处的历史背景、当时情境，例如要读懂《木兰诗》，你就必须知道南北朝时期的"府兵制"，否则你无法理解为什么当时的人当兵要自己购买武器装备，简称"还原背景"，除了历史背景之外，现实场景、未来前景的再现也属于"还原背景"。第二种还原是还原文本或语文知识原型的多样性、复杂性，这就是变异理论所涉及的，简称"还原变异"，即我们既要考虑共同性的标准正例；也要考虑差异性，及各种非标准正例；还要考虑反例，例如有的文本不同的朝代有不同的评价，同一个朝代也有不同的评价，甚至截然相反的评价。第三种还原是还原思维过程，也就是思维可视化，简称"还原思维"，即将语文教学中所涉及的问题推导或问题解决的思维过程直观呈现，便于学生理解掌握，比如可以借助思维导图还原思维过程。通过多种方式的还原，促进学生理解知识，掌握技能，学会应用。

应用评价注重批判。质疑、反思、批判是培养学生批判思维的有效途径，第一种方式可以从多维角度来反思批判，简称"多维反思"，比如：不同教材的不同说法，同一国家的不同教材，不同国家的不同教材，不同专家的不同说法。第二种方式可以引入矛盾冲突来辨析质疑，简称"矛盾质疑"，学生对学生的质疑，学生对老师的质疑，老师对学生的质疑，学生对文本的质疑。第三种方式可以运用动态变化的方式看待事物，简称"动态视角"，将时间、空间的变化引入，培养学生用发展变化的方法看待事物的习惯。整个教学过程中特别要强调学生发动，现在的问题是许多课堂都是教师发起，教师提问，学生回答，学生发起度太低，因此质疑反思特别要强调让学生自己提出问题，让学生在质疑中学会质疑，学会主动学习。

经过上面提炼，有如下因素可以作为语文课堂的基本要素：行为目标、还原背景、还原变异、还原思维、多维反思、矛盾质疑、动态视角，这些要素不是一成不变的，在语文课堂教学实践之中，还可以提炼新的要素。选择这其中的要素加以组合，可以构成不同的语文课堂模型的初级指标架构。

组合的基本原则：

第一，行为目标、还原思维作为基本要素、基本原则，以确保每堂课始终以学生为本、聚焦学生行为、聚焦学生思维，确保教师教学的思维可视化，思路清晰。

第二，根据客观需要（教学内容、学生）选择要素搭配，搭配方式灵活，组合的先后顺序也可以灵活多变，不搞机械僵硬的程式化教条。

组合方式举例：

A：行为目标+还原背景+还原变异+还原思维

B：行为目标+还原背景+多维反思+还原思维

C：行为目标+多维反思+矛盾质疑+还原思维

D：行为目标+还原背景+还原变异+多维反思+矛盾质疑+动态视角+还原思维

……

在语文课堂教学实践中需要进一步探索最佳组合方式，什么内容用什么方式组合最佳？也就是最有益于激活学生的有效积极思维，什么程度的学生用什么方式组合最佳？

四、模型具体指标与评估理论

PIRLS、PISA 两种国际教育评估理论，对语文课堂教学模型群建构的直接指导作用主要体现在语文课堂模型的具体指标上。

以 PIRLS 为例，其全称为国际阅读素养进步评估项目（Progress in International Reading Literacy Study），由国际教育成就评估协会发起并组织，自 2001 年起每五年循环一次，测试对象为小学四年级学生。也就是说小学语文阅读课模型建构主要依据它。PIRLS 认为阅读过程是建构文章意义的心智活动，包括：第一，关注并提取明确陈述的信息；第二，作直接的推论；第三，理解并整合观点和信息；第四，检查和评价内容、语言和文本成分。这些可以直接编入课堂模型的二级、三级指标之中。

第一，就是筛选信息，包括：事件的主角，发生的时间、地点、背景，文章的主题、观点。第二，就是直接推断，包括：事情的因果，总结论据的要点，归纳文章主旨，形容人物间的关系。第三，就是综合并解释篇章，包括归纳文章主旨；比较、对比文章中的信息；推断作者的意图；把文章中信息应用于现实生活，并加以解释。第四，就是评价篇章内容和表达形式，包括：文中事情的真实性，故事结局的出乎意料，文章内容的完整性，表述的清晰度，以及形容词的选用及表达效果。这些可以直接编入课堂模型的四级指标之中。

根据评估理论涉及的能力标准和课程标准所涉及的能力标准，我们可以把语文课堂模型的基本要素具体化，从而使语文课堂模型建构直接落实到提高学生的实际语文能力水平和基本语文素养上。

语文教学如何做到个性与共性的统一

在语文教学中，出现了很多矛盾，如语文教学规范和语文教学个性，统一的语文课程、统一的语文评价与个性化创新人才的培养……如何平衡，如何协调，如何统一，都是十分现实的问题。

何为语文教学的共性，是指语文教师在教学过程中所共同遵循的基本规律、基本规范、基本准则。

语文教学为什么会有共性，这就回到学科的本质属性上，一门学科一定会有它的规定性。语文教学作为一门学科是科学而有序的，它体现在学科课程目标是标准的，学科教学内容是规范的，知识的分类是严谨的，语、修、逻、文、字、词、句、段、篇，课文选取的是文质兼美、适合教学的典范文章，语文教学有其序列性，纵向注意训练点由浅入深，循序渐进，横向注意知识点互相渗透、相辅相成。

语文教学的共性还体现在教学过程中。总体上说，无论是教师教学，还是学生掌握语文知识、提升语文技能，都是从简单到复杂，从低级到高级，从有限趋向无限；学生思维过程也是由实践到认识，再由认识到实践。语文教学管理和语文教学评价也是有共性的，课前预习，课堂讨论，课后复习，学期计划，每月部署，都可以统筹安排，量化管理；一直以来的语文中考、高考，精确的双向细目表，十分讲究的效度、信度，无疑都是语文考试科学化的体现。

何谓语文教学的个性，这里所指的个性显然是指语文教师在教学过程中所体现出来的独特的艺术化的特性，个性发展到一定程度就形成语文教师独特的教学风格。语文教学为什么会有个性，这就回到人的本质属性上，人是有个性的，语文教师是有个性的，学生是有个性的，所以语文教学应该是有个性的。

语文教学既是有序的，也是无序的，无序的地方就是语文教师发挥个性的地方，无序表现在教材上，现行语文课本都是"文章选集"，虽然总体看来从低年级到高年级也是遵循由浅入深的逻辑顺序，但它毕竟是由一篇篇并不连贯的文章组成的，和其他学科相比（比如数学），语文前后课文之间并不存在严密的科学序列。数学课前面一章没学懂，后面一章就无法听，后面的习题就做不出来。而语文课就并非如此，《雨中登泰山》没学，并不妨碍你学《荷塘月色》，这是不可否认的事实，也是语文课的一个特点，所以说语文课缺乏这样一环扣一环的约束力，这就给语文教师的个性发挥提供了很大的空间。

语文教学的个性还表现在课堂教学的不平衡性、随机性。语文课的主观性、审美性、多义性决定了语文课堂教学的不平衡性、随机性。和其他学科比，语文教学的主观色彩特别浓，同一个问题往往可以有多种答案，对一篇课文的鉴赏可以从不同角度来进行。写作更是如此，在保证合乎基本规范、原则的前提下，反对千篇一律，主张各抒己见，主张创新。而学生虽然同在一个年级、班级，语文程度各不相同，而且他们的个人趣味、欣赏要求、审美习惯也各不相同，这些因素直接影响着语文课堂教学，因此，高明的语文老师，他们的课堂教学总是不平衡的，不可能是绝对有序的，因为他们总是以学生为主体，总是千方百计地激活学生，学生活了，偶然性、随机性的情况就会不断发生，甚至异峰突起，高潮迭出。一堂语文优质课的轨迹，就是一条波浪线，一条心电图的曲线。任何"一刀切"的教学设计，不论传统的，还是现代的，追求语文课堂教学的绝对平衡有序，只能把丰富的语文课堂教学"约化"，在这样的课堂里，学生慢慢变成机器，思维在教师的指挥棒下钝化。

语文教学的个性还表现在教学方法的灵活性、自由性，这是语文课堂教学的不平衡性与随机性所决定的。语文教学活动是一种复杂的、自由度比较大的创造性活动，为了达到某种教学要求，教学的途径和方法是多种多样的，传授式、启发式、探究式、训练式、点拨法、发现法等等。我们并不只依靠某一种途径和方法来实现教学目的，我们更没有必要不顾主观、客观条件去生搬硬套某种教学方法，语文教学效果的实现，在一定程度上比任何学科都更依赖教师的个体素质。朱绍禹先生对此有过非常精辟的分析："语文教学是个人技巧性很强的活动，其效果是通过个人的观察和实践才能得到。而这种实践又多半无法按一定的法则来进行。而要由实践者的知识、经验和个性来决定。它牵涉到许多变项，即使人们了解这些变项的性质，却不能给它定量定序。"（朱绍禹：《语文教育辞典》，延边人民出版社 1991 年版，第 9 页）他这番简明的分析说出了其中的原因所在。

何为个性与共性的统一？这里所说的个性与共性的统一指的是语文教师教学中在遵循教学的基本规范、基本规律的前提下，充分发挥主观能动性实施个性化的教学，进而逐渐形成自己独特的教学风格。具体说来共性是语文教学的学科基础性质，个性是语文教学的教法主导。

　　和其他学科一样，语文教学是有规律可循的，科学的语文教学思想，系统的语文知识，总体上循序渐进的教学过程，序列化的语文素养的培养、语文技能训练，语文教学中的这些不变量，奠定了语文教学作为一门科学学科的共性基础。

　　和其他学科不一样，语文教学强烈的主观性、鲜明的审美性、课堂教学的相对不平衡性、教学方法的灵活性等等诸多的变量决定了语文教学方法是以个性、以艺术化为主导的。

　　共性与个性，科学与艺术，二者不可偏废，华东师范大学谭惟翰教授曾借用斯坦尼斯拉夫斯基评论梅兰芳表演艺术的一句话，说出了语文教学中共性与个性、科学与艺术和谐统一的关系，这就是"有规律的自由行动"。

　　人们常说语文教学"教学有法，教无定法，贵在得法"。第一个"法"就是"有规律"，可以理解为教学的一般原则，也就是教学规律；第二个"法"字是某种特殊的方法，"教无定法"就是"自由行动"；所谓"得法"就是既要符合教学规范、教学规律，又要一定的自由。

　　如何实现语文教学的共性与个性的统一呢?

　　语文教学既是科学，就应该"科学化"，就必须遵循科学的原则，这就是共性；它又是"人学"，应该"人文化"，同时必须遵循"活"的艺术的原则，这就是个性；科学化与人文化的统一，理智与感情的统一，个性与共性的统一，这是语文教学这门学科应该致力的目标。

　　语文教师在实践中如何正确把握共性与个性的关系、科学性与艺术性的关系，成功地进行语文教学呢?

　　第一，在教学过程中始终把握科学的方向，体现教学的共性。树立科学的教学目标，拟制科学的教学计划，传授科学的知识体系，采用科学的教学方法，掌握科学的教学节奏，选择科学的训练手段。而这一切必须建立在对学生现状及未来发展的整体把握上。我国著名的语文特级老师于漪说："教语文不能无目的无计划，胸中要有教文育人的清晰蓝图，既认识学生的现有情况，更规划他们成长的前景，把握准教学的出发点，向着教育计划语文教学大纲的目标有步骤地辛勤耕耘。"[①] 于漪老师在她的教学中很好地把握了科学的方向，即她把教学与育人、眼前与长远有机地结合起来，她做到了胸有学生、脑有大纲、腹有"经纶"、心有"灵犀"。由此我们体会到要使语文教学不偏离科学的轨道，教师应该做到：对职业对学生怀有一腔深情的挚爱；对语文课程标准、语文教学目标要有一番深刻的理解；对语文课程教材、相关知识要做一番深入的钻研；从而形成深厚的语文教学功底，这样在教学实践中才能灵活运用、得心应手。

第二，语文教师应该保持不羁的个性色彩。新时期的中语界百家争鸣，百花齐放，各创新说，模式林立，教法纷呈。任何一种模式，任何一种教派，只要它是成功的，就必然带有鲜明的个性色彩。任何一种教学方法，都是一定的教育思想、一定历史环境的产物，因而既有其合理性，也有其局限性，巴班斯基既反对由于赶时髦而迷恋于某些教学方式，也反对不分青红皂白地完全排斥某种教学方法和方式。面对色彩斑斓的语文教学世界，重要的是我们一定要以我为主，不盲目照搬，不盲目屈从，始终保持自己的个性品质。学习他人经验不是引来滔滔洪水，淹没自己的一切，然后另起炉灶；而是引来涓涓清泉，浇灌自己的园地。安徽省特级教师蔡澄清说："事实证明，我的点拨法正是挣脱模式重压而悄然独立于原野的一株小草。

---

① 转引自丁兆土《于漪语文教学魅力谈》，《语文教学通讯》1991 年第 12 期，第 17 页。

为什么动不动就偏拟一种具有呆板意味的模式呢？还是追求真实的艺术境界吧!"① 我以为这最后一句当是我们语文教师奋斗的目标。

总而言之，语文教学以共性为基点，但不能走向极端，不能机械；语文教学以个性为主导，但不能过分随便，不能散漫。语文教学有序不是一潭死水；语文教学无序不是一团乱麻。于无序之中见有序，于有序中显自由。

---

① 参见《语文学习》1992 年第 1 期第 8 页。

第二章　评课

课是为学生上的

【一天上午，深圳某特级教师工作室来明德实验学校搞教研活动，第二节课听了明德学校黄老师的课，第三节听了胡老师的课，两位老师上的课都很精彩。黄老师是国家教育部颁发的"全国优秀教师"称号获得者，他的资历、他的功底、他对课堂教学的理解都是非常到位的，从这节课可以反映出来。上完课之后，是我评课。】

这两节课的共性有以下三点。

第一，儿童视角。我从大学毕业以后一直接触的是高中阶段，到了明德以后才接触到小学阶段，之前对小学生可以说是基本不了解，来了以后才知道我们的状况是怎样，孩子的特征是怎样，两位老师的共同特点就是都有儿童视角。

黄老师的逻辑思维是很强的，作为男教师来说，他这样的特点，教高年段是很强的；今天看来对低年段学生同样也很好。他在处理如何看待生活、如何看待文本这个关系上，非常尊重孩子的体验，非常照顾孩子的心理，尊重孩子内心的感受。

他刚才提到的第一个环节让学生先看图画，让孩子谈自己的感觉，谈自己感兴趣的地方。为什么先让孩子畅所欲言，其实这方面老师眼光非常独特，这些孩子在班上的表现不是天生的，是经过黄老师一年多的教学，在跟孩子的交流过程当中慢慢形成的，因为老师有放松，所以孩子才放松，哪怕有这么多听课老师在后面听着，孩子们都能非常放松地跟我们黄老师自然对话。第一环节就是让孩子说，尊重孩子，你是怎么想的就怎么说，一堂课这样，两堂课这样，如果孩子的儿童阶段都是这样的话，你说孩子的未来将会是怎么样，他会养成一种坚信自己的想法，他会重视自己的感受，把自己最真实的状态呈现出来。

教育除了社会化其实还要儿童化，社会化和儿童化的有机统一才是教育的理想状态，所以第一个环节明显地体现了黄老师的用意所在。

他的第二环节是进入绘本的阅读，文本的阅读，如果说课堂的第一个环节是让学生进入图画，让孩子发散，是本真状态的呈现，那么第二阶段就是进入绘本，进入思考的状态。

有两个细节不知道大家注意到没有，除了提问题以外，他让孩子用表情贴纸的方式来表达认同，孩子喜欢这种方式，这种贴纸行为就是孩子表达自己的感受。让学生根据老师的问题，通过文本的阅读，走进文本，黄老师的这几个问题实际上给孩子搭上了一个支架，孩子借助这个支架领略课文。

黄老师刚才提到的长文短教，什么是长文短教，那么长的文章里头想面面俱到是不可能的，必须通过老师的指导、老师的引领，比如说这里，黄老师的这几个问题实际上给孩子搭了一个支架，借助这个支架走进文本的情感世界。

同样胡老师的开头设计我觉得非常好，她也是尊重孩子，我开始以为她会借助投影仪放出动物声音的音频，结果她完全把这个环节放给孩子，让孩子自己走上台去表演，孩子模拟动物声音让其他孩子去猜是什么动物的声音，这就是儿童视角，非常重要。儿童视角就是尊重孩子，儿童视角就是要理解孩子，儿童视角就是让孩子自己来表达自己对生活的认识，在模仿过程中，孩子们对生活的理解、对世界的理解得以强化，这是我的第一个想法。

第二，生活情境。我们有不少课堂教学常常去情境化，对课文的解释，对数学的解答，对知识的传授，常常把这种社会化的知识抽象起来端给孩子。但是两位老师不是这样，这两位老师的好处在哪里？还原情境，黄老师在引导孩子去理解文本的时候，他还设身处地置身于那个情境去考虑，比如刚才他提的几个问题，猪猪最难堪的、猪猪最兴奋的、咯咯最神奇的是什么？他是比照人的情景，让孩子在情境当中去理解、去读懂。比如说，刚才胡老师的知识教学，拟声词，这原本是语言知识，胡老师是从孩子模拟声音开始，然后自然得出什么叫作拟声词，让孩子非常容易地接触了原本非常抽象的概念，用还原情境的方法去教学，实现教学情境化。

第三，教文育人。我们的课堂教学，尤其是语文这个学科，有育人的功能，我们在教文的过程当中，其实就是教孩子如何做人，这个教人不是外加上去的，不是生硬地给出，而是水乳交融地体现在文本的解读过程当中，德育是在文本情境创造的过程当中，自然地渗透到孩子的心里，点点滴滴化到他的心田当中。我觉得黄老师说得很好，好就好在他坚持让孩子多读书，他不是生硬的，而是在理解文本本身的过程中自然地、水到渠成地流露出来的，培养孩子的良好品德，孩子接受这种情境是比较愿意的。我们明德编的这套教材是把语文、数学、英语和思想品德整合起来的，我们没有单独开设思想品德课，思想品德就在这里，为什么要单独开设思想品德课呢？单独的说教对孩子来说是没意义的，孩子抵触，你不停地讲做人的道理，直到他反感。我们没有单独的思想品德课，思想品德课就在教育的过程当中体现。美国、欧洲国家没有思想品德课，他们的文明习惯比我们好，那是在生活的点点滴滴当中渗透进去的。

我觉得两位老师的教文育人还有一个地方是做得好的，黄老师开头第一个环节，让孩子起立背《三字经》，这是中国传统文化，习近平主席强调传统文化对孩子的教育作用。之前我们明德就考虑到这个问题，黄老师是我们的语文教研组长，他在教研组的教研活动当中，在整个年级的教学当中，就强调把传统文化渗透到我们的教学当中。今天学生背的东西不多，其实我估计他们都能背下来，由于时间关系，教师打断了。孩子就是在这个阶段一点一点地慢慢地掌握，慢慢地记住，把这些传统的做人规范的东西习以为常地融入了大脑当中，甚至融入到他的血液中去。

学习知识是目的，培育学生的品德是目的，帮助学生养成好的学习习惯也是目的，比如说胡老师课堂开头的环节我觉得非常好，胡老师比比划划，带着孩子养成好的生活习惯，我觉得非常有意思，从这个意义上说，我觉得这两个老师很有共同点：在儿童视角、生活情境、教文育人方面都做了很好的探索。

我在想两位老师的课堂教学有没有问题值得探讨，如何再进一步地完善？黄老师这堂课完全是常态课，还有更好的东西他还没有拿出来，常态的教学方式如果这么坚持下去的话，孩子肯定会受益比较大的。黄老师课堂上提了五个问题：猪猪最幸运的是什么？猪猪最难堪的是什么？咯咯最神奇的是什么？猪猪最伤心的是什么？咯咯最了不起的是什么？我在想，我们教学生学习，其中教学生读文，教学生读句，教学生学习各方面的东西都是重要的，但其中还有一条，教孩子学会提问题，如果黄老师这一堂课我们再精益求精的话，是否可以在教师提三个问题之后，留给学生提两个问题，这就有意思了，让学生读绘本之后，提一个问题，让孩子自己提问题。一堂课让学生提一两个问题，好像不觉得什么，但假如三堂课，假如三十堂课、三百堂课呢？从小学一年级开始一直到高三，都让学生提问题，这就很有意思了。

以色列的家长到学校接放学的孩子，他不是问你今天学了什么，今天老师上课讲了什么，而是问今天上课你向老师提了什么问题，提了什么有价值的问题。以色列前总统佩雷斯从上小学开始，他的家长接他的时候就问：你有没有向老师提出了老师回答不了的问题？

从今天开始，假如我们的老师包括胡老师在内，在课堂上给一点时间让孩子提问题的话，是不是就引导孩子由感受转向思考、走向提问？孩子对问题的认识程度，对文本世界的认识程度，会有一个由感性到理性，由浅层次到深层次，由接受到自己反问，由接受到自己探究的一个过程。

胡老师的课，叫微课，学习一篇课文《听听，秋的声音》，三个层次：一、先让学生表演模拟动物的叫声，让其他同学猜猜是什么声音，然后教师引出"拟声词"的概念。二、让学生找课文中的拟声词，学生读了课文两段，找了秋叶"唰唰"这个拟声词。三、让学生仿照另外一首诗《春雨》，造句子，【滴答滴答，下小雨了，听听"_____"，这是什么声音？_____。】

应该说胡老师这堂课的逻辑框架是非常好的，但是胡老师这堂课不是主要上给学生看的，而是上给老师听的。为什么这样讲呢？你这堂课三个环节，你回去把录像看一下，三个环节时间的比例分配问题，这堂课的重点应该在哪里？应该在这篇课文的学习上，但是这堂课关于这篇课文你花了多少时间？你让孩子读了多少次，让孩子对这篇文章留下多少深刻的印象？我说：这堂课的教学目标是学习课文《听听，秋的声音》，但是整堂课涉及到这篇文章的时间不到三分之一，目标转换成"拟声词"的教学。

前面的环节要不要？要；后面的环节要不要？要。但要视情况而定，中间这个文本本身还是要有比较多的投入。第一，我认为中间这个环节投入得不够多，老师给出的时间太短；第二，可能是因为教研活动，所以我说你是上给我们老师听的，课堂最重要的、第一位的是上给学生听的，教研活动是副产品，主产品还是学生的收获，教研活动不是主业，主业还是孩子，这是我们要掌握的课堂教学研究的基本原则。

不是说不可以实行微课教学，不是不可以成为重点研究"拟声词"的教学，我说所有的教学研究必须基于学生的常态学习，也就是说不是为了研究而研究。研究的目的是为了学生的学习成效的提高，研究是服务于学生成长的，一个重要原则就是不能脱离学生的学习背景搞所谓孤立的教学研究，脱离背景的孤立研究，即使研究出什么来，也没有多大意义。而且"拟声词"的教学也不能成为教学的重点，小学二年级的语文不应该把语言知识作为重点；同样"拟声词"的教学也不是学生学习的难点，从这节课的实际情况看，学生在第一个环节就已经明白什么是拟声词了。

是教知识，还是教学生

——评《暖暖亲情，走过四季》实验课

【明德校园里有4位老师上了实验课，他们是来自同一个工作室的老师，上的是微课，是4位语文老师合起来上了一堂课。《暖暖亲情，走过四季》，选择分别发生在春夏秋冬四季里的故事，扣住亲情来分析讲解。春讲的是语言，夏讲的是选材，秋讲的是情景，冬讲的是描写。我做了评课。】

我以为应该肯定的是：

第一，有创意。4个老师上一堂课是创意，一堂课里上4篇文章也是创意，一堂课里由4位老师分别上一篇课文还是创意，一堂课里走过春夏秋冬仍然是创意。

第二，氛围好。课堂氛围营造成功，应该说4位老师在课堂上都创造出比较浓厚的亲情氛围，不乏有些细节打动学生，颇为感人，可以举出许多细节为证，整堂课学生注意力非常集中，虽然有些问题学生一时回答不了。

这次实验课也是有提高的空间的，我想提几个问题供大家思考。

为什么学生注意力集中了，但回答老师的问题仍然不到位？

这堂课是阅读赏析课，是写作指导课，还是想既赏析又兼写作指导？

教学的整个思维流程是演绎式，还是归纳式？

4位老师的组合教学，4篇课文的组合教学，其组合方式是形式相关，还是内在逻辑相关？

上述四个问题都涉及核心问题，那就是：这堂课到底是教知识，还是教学生？

先看第一问：为什么学生注意力集中了，但回答老师的问题仍然不到位？

我的看法是问题出在学生身上，根源其实在老师身上，老师不是站在学生角度考虑，没有设身处地为孩子着想。体现在两个方面：其一，从整堂课来看，教学容量太大，跳跃性太大，老师跳跃，文章跳跃，知识点跳跃，很少有学生跟得上如此跳跃，而且学生是第一次面对如此跳跃，适应不了十分正常；其二，具体问题的设置与课堂进行中教师的提问也没有充分考虑学生，比如最后一课《背影——真实生动话"描写"》，教师关于肖像描写的提问就颇为尴尬，教师给出一段人物描写的句子"我看见他戴着黑布小帽，穿着黑布大马褂……"让学生分析，学生无从着手，不知教师的目标指向。教师再给出对照句子"我看见他戴着小帽，穿着大马褂"让学生对照分析，这个时候学生多半领会了一些，教师此时应该给出时间，让学生从课文中去寻找原因、寻找答案。很可惜，教师马上把课文中重要的关联句出示出来："那年冬天，祖母死了，父亲的差事也交卸了，真是祸不单行。"教师代替学生思考，浪费了学生一次重要的锻炼机会。

所以归根结底，教师是在教知识，教课文，而不是从学生出发，没有很好地站在学生角度来设计教学，着眼点、着重点没有放在教学生身上。

再看第二问：这堂课是阅读赏析课，是写作指导课，还是想既赏析又兼写作指导？

老师们在备课时很纠结，这种有创意的课堂教学让教师很纠结，为什么纠结？其实说到底是教师对一些基本问题没有考虑透彻，没有想明白，比如教学的目标就不清晰。一个老师在10多分钟里如果想实现阅读鉴赏与写作技法指导的目标无疑是很不现实的，那么到底是阅读赏析，还是写作指导？从课堂比较成功的地方来看是阅读赏析，从4位老师的设计框架"春（语言），夏（选材），秋（情景），冬（描写）"来看像是写作指导。

如果是写作指导，那么应该说这样的指导是不到位的，基本停留在笼而统之的抽象概念之中。第二堂课《爸爸的花儿落了——举重若轻话"选材"》，教师在课堂里竭尽全力，最后让学生掌握的是所谓选材之法"以小见大、举重若轻"。一堂课下来，学生留下了这样一句看似经典其实无用的方法，从小学开始到高中，甚至到大学，老师们讲了不知道有多少次"以小见大、举重若轻"，但很多学生就是始终没有搞清楚到底如何以小见大、到底如何举重若轻。也就是说我们老师始终不教给学生实际的、具体的操作方法、程序型知识，给的是抽象的、笼统的、感悟型原则，因此学生无法提高写作能力就是十分自然的了。

与此例相同，第四堂课《背影——真实生动话"描写"》也是如此。关于语言描写，教师得出的结论是"用短句表现人物的内心"，但学生始终不明白为什么用短句，怎样做到恰切地使用短句。关于肖像描写教师得出的结论是"紧扣主题，符合特定情境的人物特征"，学生不明白：如何紧扣主题？游离主题是如何造成的？如何表现特定情境的人物特征？关于动作描写，教师得出的结论是"善用动词，找准描写方向"，学生不明白：何谓善用动词？如何善用动词？何谓描写方向？如何找准？诸如此类的问题。

回到根子上，我们教师到底是想把教学任务完成，还是真的是在教学生？如果真的在教学生，目标一定要让学生在原有的基础上有所提高。写作指导课，最终让学生不甚了了，那么学生写作能力当然就无法提高了。

第三问：教学的整个思维流程是演绎式，还是归纳式？

第一位老师执教《散步——不疾不徐话"语言"》，整堂课的主体部分是一种演绎式的思维流程，教师先出示一般性结论"一、散步式的语句节奏"，然后给出个别案例："改文：今年的春天来得太迟、太迟了。""原文：今年的春天来得太迟，太迟了。"后面的结论分别是"二、散步式的语体特征"，"三、散步式的语段韵味"，"四、散步式的语词意象"，也都分别给出具体语句作为例子。这样一种流程是很典型的教知识的流程，不是说不可以这样做，但这样做的实质其实就是填鸭式的教学，其结果就是学生具体的语言分析能力很难建构起来。如果换成归纳式的教学流程，可以避免或者缓解问题，给出语言现象，让学生直面语言现象，让学生自己去发现，发现不了，再给对照例句，然后归纳出一般规律，这样久而久之学生就学会了自己分析语言，学生的语感能力就得以提升。

还是回到初始问题上：是教知识，还是教学生？

第四问：4位老师的组合教学，4篇课文的组合教学，其组合方式是形式相关，还是内在逻辑相关？

《暖暖亲情，走过四季》一堂课里4位老师讲了4篇课文，4个微课的联系纽带是家庭亲情，其实只是形式相关，缺乏内在的逻辑关联。春讲的是语言，夏讲的是选材，秋讲的是情景，冬讲的是描写。以亲情为关节点，将写作的 4 个维度的知识平铺开来，完全的并列式的结构，也就是说在一节课里这样一种结构方式遍地开花，注定只能是蜻蜓点水，轻轻掠过，浮在表面，这堂课的结束就是知识点传输的结束而已，学生收效甚微，甚至几无实质性收效，这样的教学仍然是停留在教知识的层面上。

如果是着眼于教学生，那么就应该采用纵向式的递进结构方式，抓住重要的一个写作能力点，纵向深入，层层推进，一定在学生原有的知识层级上，纵向拓展，超越学生，从而提升学生。

当然我们这样讲似乎有点绝对，但是当我们知道这是在一节课的时空里，似乎绝对的话就变得不绝对了，而是颇有道理的了。

总而言之，课堂中转变观念并不十分容易，要把着重于"教学生"落实到课堂的每个环节之中，包括课堂教学目标、课堂教学流程、课堂教学设问等等，唯有这样，学生在课堂中才有收获，学生随着教学进程的推进才能逐步提高实际能力、提升学习水平。

课堂教学的哲学式追问

【在教育领域中即使看上去只是一个操作性问题，如果不断追问，最后都将成为一个哲学问题。福田区教研室组织了一个教学设计评比，让我做一个点评，这几堂语文课的教学设计，都或多或少存在这样那样的细节问题，但是追踪起来也都涉及课堂里的哲学问题。】

语文是什么？这里的语文指的是语文教学，从这个意义上说语文是语言的习得与积累，Y 老师让学生阅读经典，积累成语，学习《礼记》，倡导原典名著阅读，这无疑是抓住了语文教学的根本。

知识是什么？知识是工具还是目标，我以为应该是工具而非目标。X 老师《诗中有画，画中有诗》的主题教学设计，存在着主客颠倒的问题，鉴赏应该着眼于诗歌的语言而不是相关的知识，完整地说是用知识帮助学生鉴赏语言，而不是把学习掌握知识当成课堂教学的目标。也就是说课堂上教师关键在于创造诗歌的情境，带着学生进入诗歌的"情场"。

学生是什么？谁都知道学生是学习的主体，但什么时候、什么情况下学生才真正成为学习主体，值得我们讨论。M 老师《伤仲永》教学设计，让学生自学、对学、群学，最后得出结论：勤学——后天学习对成材的重要性。但说到底，这还是单维度被动接受，没有思维冲撞，没有思维激荡。不妨问一下：后天学习就一定成材吗？勤学是成材的必要条件还是充分条件，或者是充要条件。还可以引导学生看看同是王安石的文章《游褒禅山记》，在这篇文章里，王安石强调了志、力、物、不随以怠的重要性，这是王安石比较全面地解读自己的观点。让学生比较阅读王安石的观点，这样才能全面把握王安石的观点。

学生读了，学生讨论了，学生通过阅读和讨论最后毫无思辨地接受了一个现成的观点，这个阶段仍然是被动接受的阶段，如果硬要说这就是主体学习阶段，那也只能说是初级阶段。学生成为真正的学习主体，关键在于他是否能够在学习过程中独立思维，有没有体现他的自主意识。

L 老师关于《祖孙之间》的教学设计，其中有一点可以肯定，教师让学生任选一个人物，以独白的方式为该角色代言，反映人物的性格、痛苦及痛苦的缘由。从学生的实际代言看，效果很好，学生普遍能够调动自己的生活经验和文学积累，独立思考，给出较为贴合实际的代言。

手段是什么？今天的课堂教学许多老师都掌握了很多时尚的技术和方法，新的手段充斥在课堂教学之中，但我以为手段永远是手段，不是目标，更不是目的。比如小组合作式学习，现在发现有许多课堂是为了合作而合作，目标就是展现小组合作这种方式，我以为这是问题所在，我们应该问一问：什么时候需要合作？学生合作学习的时候具体干什么？

教学的组织方式至少有三种：一是自己独立学习；二是小组合作学习；三是班级集体学习。小组合作式学习是在独立学习无法解决问题的情况下才进行的学习，如果自己独立学习轻易就可完成的学习，根本就不需要合作学习。合作就是不得而为之，即独学而不得求教于他人。合作起来干什么？我们看到很多课堂就是对答案，对词语解释的答案，对句子翻译的答案，对导学案中的答案。我觉得这样合作是浪费合作，因为这些工作独立学习均可完成，无须合作。合作起来应该做一些有价值的事情，讨论一些重点难点问题，讨论一些开放式的个性化的问题，这样的合作才有意义。

再比如竞争的方式，当学生非常沉闷的时候，采用有奖竞猜的方式，或者小组竞争的方式，激发学生的学习积极性，这无可厚非。但是当学生已经非常活跃，甚至非常浮躁的时候，再用竞争的方式，只能使学生更加浮躁，课堂更加混乱。

教师是什么？教师是成人世界派往儿童世界的引领者，我反对抽象地说"把课堂还给学生"，那是教师自我放逐的表现。教师是课堂教学过程中学生学习的引领者，引领什么？也就是说教师应该比学生高一层，深一步。具体说来就是：于无向处指向，当学生没有方向的时候，教师应该给予方向的引领。于无疑处生疑，当学生在浅表层次上阅读的时候，教师就应该提出新的有价值的问题，激发学生思考。于无力处给力，在学生无法独立解决问题的时候，教师应该帮学生一把，给支架，给资源，给线索等等。

A老师设计的《五柳先生传》，有一个问题提的好：《五柳先生传》在内容和写法上有哪些违反常理的地方？为什么？这个问题颇有价值，引导学生思考理解陶渊明的价值追求，什么样的思想写出什么样的文章。而Y老师关于《孙权劝学》的教学设计，问题基本浮于表面，原因在于教师没有给出背景，也就是说学生不知道为什么司马光要劝学，司马光针对当时北宋什么现象来说的，学生不知道。去背景化的教学导致学生被动接受所谓"好好学习"这样简单的结论，事实上司马光是针对北宋实行恩荫制的问题而言的，恩荫制导致一些不学无术、甚至毫无文化知识的人物成为朝廷官员，一时无法改变这种现状，因此司马光强调官员要认真学习。

L老师的《祖孙之间》的教学设计，其中有一个内容就是让学生填写人物形象特征的表格，这是把复杂的人物性格简单化的一种表现方式，一个高老太爷岂能是"年迈体衰、专横冷酷、严厉"所能概括的？一个觉新岂能是"懦弱、隐忍、矛盾、委曲求全"所能概括的？一个觉慧岂能是"热情、单纯、进步、叛逆、迷惘"所能概括的？有些蹩脚的文学作品常常把人物典型化，其实就是类型化、概念化、简单化，真正好的作品不是这样的，它的人物是复杂的、丰富的，如果教学中我们把复杂的人物简单化，就破坏了人物形象丰富的内涵。

课堂是什么？课堂教学是师生之间的对话交流，评价课堂的其中重要的因素就是看看课堂思维流量到底如何，教师在课堂教学中要激发学生进行有价值的思考，同时尽可能地让思维可视化，让学生在老师的指导下知道这堂课思维的价值意义在哪里，思维的问题在哪里，这样可以促进学生的成长进步。

美国当代教育哲学家乔治·F·奈勒说得好：个人的哲学信念是认清自己的生活方向的唯一有效手段，如果我是一个教师或教育领导人，而没有系统的教育哲学，并且没有理念的话，那么我们就会茫茫然无所适从。

教语文的多种方式

【一个夏季的下午，在深圳明德实验学校，三家论道，三个单位坐在一起研讨语文，一个是深圳市语文教师工作室，一个是福田区语文教师工作室，一个是明德实验学校语文组。他们各自派人上了一堂课，都试图在语文教学中体现课改精神。作为东道主，我做了即兴评课。】

三堂课给我的总体感觉分别是：以中国文化教语文，以历史教语文，以学生教语文。

第一节是杨老师上的《夸父追日》，课上得非常好，杨老师是用中国文化来教语文。体现在：第一，成语会意。教师将课文中关键词提出来，让学生释义，同时让学生举出同词同义的相关成语，这个方法好，将新旧联结，便于学生掌握巩固古汉语常用词词义，也便于学生理解课文。第二，读出省略。古汉语常有省略的现象，让学生补出，进一步疏通文意。第三，读出节奏。一个逗号或句号要停顿两拍，这是古文诵读的基本规范。第四，读出层次。将文章内容分成开端、发展、高潮、结局，每个层次结尾停顿三拍，学生通过诵读就能分出文章的层次。第五，读出平仄。这是中国古代文章的独有特征，平声长而轻，仄声短而重，学生读出古人读书的腔调，味道出来了。第六，以形会意。杨老师让学生提出有价值的问题，让学生读出疑问，学生提出：夸父为何逐日？教师组织学生讨论，为了让学生读懂人物，教师把"逐"字的金文写出来，然后分别列出"逐"的两种含义，一是追赶，二是驱赶，让学生辨析课文里的逐日是追赶，还是驱赶，并说出理由。学生说出"追赶"的三重含义：追求光明、获取火种、探索自然，还说出"驱赶"的一个含义，即因干旱而驱赶太阳。其实这四种看法恰恰是学术界的四种说法。

最后教师让学生全体起立，充满深情地背诵《夸父追日》，表达对人物的尊敬。

上述方法都是传统中国文化所具有的，教师还原到教学中，让学生传承。而且之前的教学中学生没有使用过这种方法，对学生来说有一种陌生化效应，因此兴趣盎然。

如果说这堂课教学还有值得进一步提升的地方，就在于提问。第一是学生提问。教师让学生提问题的环节，有一个学生提出夸父这么能喝水，他平常怎么生活？哪里有这么多水来维持他的需求？教师让其他学生举手认同，结果认同这个问题有价值的同学很少，于是老师就撇开这个问题了。问题的关键在于，提问是否有价值与有多少同学赞同是没有必然联系的，事实上教师在教学预设的过程中没有这个问题，因此不予解答。这个环节一共只有两个同学提出问题，不应轻易地撇开学生的问题，至少应该说出这个问题价值不大的原因所在。第二是教师提问。教师后面提出一个问题：夸父追赶的仅仅是太阳吗？这个问题不是问题，教师已经预设了答案，学生的回答肯定是：不仅仅是太阳。属于无疑而问，教师在问题的设置上面应该有更开放的设计。

第二节是李老师和庞老师联合上的《晏子使楚》，这堂课是以历史教语文，和前面杨老师的课相比，从教不到一年的李老师上这堂课显得比较稚嫩。课先由历史老师讲授现代国家的关系，过渡到春秋时期的外交方式，然后语文老师出场上《晏子使楚》。跨学科组合教学是为了解决今天课堂教学过程中去背景化的现象，去背景化教学导致学生只面向学科知识，不面向历史现实，久而久之弱化了学生解决实际问题的能力。这堂课文史交融、文史互证其实是体现明德实验学校课改的一个思路。

但是老师在上课过程中有些地方处理不好，比如，说到楚王性格，李老师给学生的答案是无礼、残暴、庸君，其中残暴的根据是楚王左右完全顺从他，他想嘲弄晏子，左右都附和。这个说法完全不合逻辑，不能因为别人的附和，反过来说此人的残暴。其实细读文本，可以想象出楚王当时有几分顽皮、故意恶作剧的成分在里面，听说晏子能言善辩，想试试看他到底有多大本事，故意恶心他，结果反被晏子所嘲笑，最后得出结论，君子不是随便可以要弄的。

教师引导学生讨论：一个外交官应该具备什么素质？最后得出几条：忠于国事、善于观察、见识广泛。这种笼而统之的观点其意义是不大的，要让学生具体体会文本的细处，关键在于晏子"橘生淮南则为橘，生于淮北则为枳"这种思维方式，有模拟，有对比思维，有以子之矛攻子之盾的思维方式。这是这堂语文课应该让学生体会的关键所在。

课堂最后一个环节是让学生讨论今天外交官还需要具备什么素质，目的在于借古喻今，将教学与生活结合，用意是好的。教师引用万隆会议时针对有人攻击中国，轮到周恩来发言的时候，周恩来说："我们是来交朋友的，不是来吵架的。"一下子改变会议矛盾冲突的局面。教师的用意固然是好的，但是这个例子不是很好，与课文之间的关联度不大，还不如引用周恩来与赫鲁晓夫的一段对话更恰当。有一次周恩来和赫鲁晓夫对话，赫鲁晓夫对周恩来说："我出身于工人阶级，你出身于地主阶级。"以此来攻击周恩来，周恩来立刻还以颜色："我们各自都背叛了自己的阶级。"这个回答非常巧妙，也是以子之矛攻子之盾，也是对比思维，与课文关联度大。

第三节是刘老师上的《马》，这堂课是以学生教语文，课堂上教师让学生充分发表意见，用学生教学生，如果录制下来，统计一下整堂课教师、学生说话的具体数量，学生说的话远远超过老师。

这堂课最大的问题在于主次不分，教师把大量的课堂时间浪费在无谓的课文概念化的分析上，诸如：家马什么特征、野马什么特征。而且这些去土壤化的分析无关文章主旨的理解，教师没有恰当地引向作者用意的分析。

针对这堂课，我想提出一个问题：有限的课堂教学时间应该放在哪里？

我以为这堂课首先要入乎其中，走进文本，读懂文章，就是作者为什么明显地褒扬野马、贬低家马？其实这是作者在这篇文章的用意所在，作者布封是法国博物学家，是人文主义思想的继承者和宣传者，借马喻人，宣传个性解放。

其次才是出乎其外，可以辩证地看待家马、野马，把战马包括在家马中，立刻可以为家马进行辩护。需要的话再请学生参阅梁晓声的《如果我为马》。

作为语文教师用什么方式来教语文是可以有所选择的，关键在于我们如何珍惜学生的学习时间，如果把每节课都当作最后一课，或许我们就会把最有价值的东西教给学生、教会学生。

有一种教学方法叫还原

——评张广录执教《岳阳楼记》

【2014 年 11 月 3 日上午，我们来到台湾明道中学，这是当地最好的私立学校。我们参观校园，听了校长及其管理团队介绍学校，接下来是听课，听了张广录老师半节课的《岳阳楼记》。听完课以后，关于这堂课的评价，老师们发生了一点"冲撞"。】

张广录老师说："评课就像使用螺丝起子，评课者拿着一把起子拧螺丝，有的螺丝钉头的槽缝是十字形状的，结果评课的老师用一字螺丝起子——不对路。"

我以为可以就着这个比喻展开来说，拧转螺丝帽，有两种起子，一种是万能起子，一种是专用起子。许多老师评课是用一种所谓的万能起子，用一个所谓的好课标准，以此评判所有的课堂，这可能有道理，但也可能不贴切。用过去的评课标准，用现在时尚的评课标准，都很难说清楚张广录老师这堂课。这堂课基本上是张老师讲，如果按照学生为主体的评课标准，应该是学生说话，但这堂课基本上不让学生说话。这其实是因为沟通出现故障，导致张老师误以为完整的一节课都是由他来上，结果只是给他半节课的时间，于是他没有时间让学生说话。如果按照过去评课的标准，着眼于课的完整性，这堂课是不完整的，因为不少内容都没有时间展开。这堂课还有许多细节问题，比如有老师提出，既然张老师背得不流畅，课堂上倒不如不背诵，等等。

我以为我们评课首先要明确这节课到底是什么，执教老师到底想干什么。如果连这个都弄不清楚就要评课，那么可能只进入到课的表层，甚至会文不对题、南辕北辙。比如这堂课貌似不完整，但我们要从已经呈现的内容来看：这节课要干什么？教师想达到的目的是什么？张老师在这堂课上到底想做什么？评课不能只求完整性，关键要看课的结构的合理性。

其实张老师的这堂课主要是在教学生如何写文章，通过阅读教学来教学生如何写文章。张老师如何实现他的课堂教学目标？张老师采用的是还原法，还原情境，还原思维过程，即还原作者写作《岳阳楼记》的背景，作者是怎么思考写好这篇文章的。

我们不妨先还原一下张老师的教学过程，课一开始，张老师就提出了几个问题：范仲淹靠什么构筑、创建和缔造独一无二的楼观场景和精神世界？思想、材料从何而来？秩序如何生成？张老师试图带领学生研究千古名文《岳阳楼记》是如何"造"出来的，他所采用的研究方法是：还原场景+逻辑推理+文献支持。经验告诉我们：世界上没有抽象的写作，只有具体的写作。张老师提出问题：《岳阳楼记》应何事而写？张老师把滕子京《与范经略求记书》原文呈现给学生，同时提炼滕子京的具体要求，让学生设身处地地想想范仲淹当时面临的三重突破挑战：立意突破、行文突破、措辞突破，看看范仲淹是如何应付这种挑战的。首先是文章的立意从何而来？"先天下……后天下……"的思想并非范仲淹原创，其来自于《孟子·梁惠王》，为什么范仲淹话语的影响比孟子还大呢？范仲淹运用了三种思维：程度思维——把同样的意思推向极致（先、后的加入）；比较思维——先与后的比较；音韵思维——一唱三叹的节奏有利于情感的抒发。结论：优秀的立意来自于对前人思想的继承与进一步发挥。其次是范仲淹的行文如何关联立意？从景—情—意的连续转换，关联起景和意的关系。这种绝妙的复杂转折是范仲淹的原创吗？张老师比较吕温的《三堂记》与《岳阳楼记》在构思上的一致性。《岳阳楼记》其实是深受吕温《三堂记》结构方式的影响，甚至是吕温《三堂记》结构的直接模仿，只是转折得更为精致巧妙。那么自然要问：凭什么证明范仲淹读过《三堂记》？其实从滕子京《求记书》对吕温的推崇，可以断定范仲淹是研读过《三堂记》的。

不说别的，单就张老师在极为短暂的时间里（25分钟），将这样一篇文章的写作思维过程做了一个非常贴合写作实际的还原，且环环相扣，步步深入，就已经非常不易了。就课堂教学方法而言，他是采用案例教学法，让学生设身处地将自己带入写作场景，以作者的视角还原写作过程，学生会觉得可近、可亲、可学。MBA的很多优秀课堂都是通过案例来教学，而案例教学又常用还原方式，还原情境，还原思维过程，来进行分析因果，来找出规律方法。

因此我们不要用机械的方式来评课，不能用以往的所谓评课标准来评价这堂课，比如教师讲得多和少就不能成为标准。根据这堂课的教学目标，张老师是从宏观上驾驭，是着眼于让学生读懂文章的整体，不是从课文的细枝末节来分析。语文教学之所以神奇，之所以有艺术魅力，一个重要的原因在于可以有多种教法，教学目标的切入角度也可以多重选择。张老师让学生在还原的过程之中，明确《岳阳楼记》这篇文章到底是怎么生成的，也就是还原情境，还原思维过程。我们许多老师不做这种事情，而是教了许多与写作不相干的方法，教了很多标准答案，学生依然不会写作，根本原因就是因为我们所教的方法、所给学生的答案，缺乏情境，去情景化。张老师是把孩子带入到写作情境中，针对写作这篇文章的具体背景要求，带着具体的写作目的来写。张老师通过教学，让学生把自己还原为作者，明确如何写文章，把握文章的生成过程。

近些年来，我们的语文课堂是否和孩子远了？为什么学生喜欢补数学、英语？原因就是不少语文课堂教学是低效的，甚至是无效的，学生没有具体的收获。教学的价值体现在教给学生真实有用、有帮助的知识方法。张老师是一个优秀的语文老师，他的实际教学水平和研究能力已经超过诸多特级教师，张老师的优秀体现在他的学养。这堂课引用了很多知识、资料，乍一看来，像是在掉书袋，旁征博引，云里雾里，其实是有着十分清晰的逻辑思路，目标非常明确，推理言之有据，且环环相扣，这样的教学无形之中给学生树立了一个做学问的样板。一节语文课教学或许看不出什么来，如果是十节课、一百节课都这样上，可想而知学生的学术修养将会怎样。这样上课对锤炼学生形成一种规范的研究能力很有好处，学生带着研究者的目光看课文，不是所谓的赏析性的课堂，而是探究性课堂，有独到的东西，这就是这节课的意义！当然，可以按照这种方式教学，但它并不是唯一的方式。

我们听课观课，往往只关注课堂里教师使用了什么方法、什么手段、什么技术、什么模式，但我们很少关注人，关注把课上好的人，关注他为什么能上好。毫无疑问，当下不少的语文课、语文教学研究缺乏基本的学理、学养，这是今天的通病。很多研究者、教师说的都是自己觉得如何、如何，有的甚至就是照搬套话。我以为在"你觉得如何"的同时，还必须拿出自己的资料，拿出自己的依据，并做出合乎逻辑的推理分析，才有说服力，才有学理性。

名师培养，应该强化学养，读书太少，研究路子不够科学，那么不可能成为真正的名师。

规范即优秀，深刻即优秀

——评谢红新执教《变色龙》、周菊妹执教"《宽容》序言"

【兼任语文名师培养基地的主持人，听课评课是我的一项重要工作，谢老师、周老师各上了一堂好课，好课的样貌是不一样的，一是规范，一是深刻。】

今天两堂课，给我两个印象：第一节，规范即优秀。第二节，深刻即优秀。分别来说。

第一节谢红新老师的课，规范即优秀。从三个层面来看：

第一，这堂课的教学是有设计感的。无论是事先提供给我们的教案，还是课堂上呈现给我们的，有非常清晰的设计感，也就是说是经过老师精心设计的。我们许多老师拿起参考书就备课，直接把教参搬到课堂上来，毫无设计感。谢老师的课设计感体现在：课堂的逻辑结构非常清晰，步步用心，环环相扣；体现在老师带着学生对课文一系列重点细节的精心品读分析上；体现在教师最后布置的作业都是精心设计的。非常细腻，整堂课就像工笔画一样，《变色龙》作品本身就是个工笔画，对一个人的描写变了5次，谢老师的课也是如此细腻。

第二，规范体现在谢老师的课传递出一种氛围，用心相互倾听的氛围。针对当下的许多课堂，浮躁、表层上的热闹，这堂课营造了一种用心相互倾听的氛围。什么叫好课？顾泠沅先生曾经说站在学生的角度看，该听的听了没有？也就是说判断一堂课好还是不好，是学生在你的课堂是否吸收到有价值的东西，听，就是吸收。日本课程学家佐藤学也有与此相似的观点——"应当追求的不是发言热闹的教室，而是用心相互倾听的教室。"佐藤学作为一个大学教授，扛着摄像机，听了几万节课，得出了这样一个结论。这节课的倾听氛围的确营造得很成功，同学们相互倾听，老师也是用心倾听学生的心得，并做出了适度的反应。

第三，规范体现在这是一节很有语文味道的语文课。无论是教案里的，还是课堂呈现出来的，教师都是着眼于语言本身的分析。整节课呈现出很多的东西，从词语本身，标点符号本身，从句子本身，不断比较，对细节的不断琢磨，刚才说的工笔画的意思就在这里。

这种类型的课，我上不来，我只能泼墨写意，大开大阖。像这样培养下去，学生对语言的品读能力、感悟能力，一定会提高的。教师带着学生不厌其烦地，像作品本身一样，反复体验，反复比较，感叹号读出什么，人称的变化体现什么，奥楚蔑洛夫5次转变体现了什么，人物的动作重复、语言重复，比较一下，等等。这几个方面，都体现了谢老师作为一个优秀教师的语文功力。

谈点不同的想法：谢老师把重点放在人物形象上分析理解，是应该的，也是正确的。其中对奥楚蔑洛夫的个性概括之一是"虚伪狡猾"，我有不同意见，主要是不同意"狡猾"这个概念套在奥楚蔑洛夫身上，我甚至觉得奥楚蔑洛夫有点愚蠢，那么迅速的变化，太过火，我以为奥楚蔑洛夫不在于是愚蠢还是狡猾，在他这个人身上存在的最突出的人性弱点，就是没有心灵羞耻感。也许在对待其他事上，比如对待抢东西、偷东西，他可能有羞耻感。但因为狗的主人不同就不断变化处理事情的态度，他心里只有利害关系，但没有立场和原则，所以，不断变。在他心中，这样一种行为，不觉得是可耻的。

他为什么这样？我们的思考再往前走一步，他奥楚蔑洛夫为什么能这样变化？为什么敢这么变？为什么这么迅速地变？为什么这么多次地变？再咀嚼一下，为什么变得这么自如、自然？什么原因？根本原因是他这个人物所处的生态环境，一定要理解人物的生态环境。但在课堂教学之中，没有呈现出来，没有把生态环境呈现出来。

其实文章中提到赫留金的话："我的弟兄就在当宪兵。"赫留金说这句话显然是为了说明"我也是有点小势力的，你不要轻视我"。课文倒数第二段最后一句话："那群人就对赫留金哈哈大笑。"不是笑奥楚蔑洛夫，而是嘲笑受害者，这就是当时的生态环境，当时许多人都是以地位衡量一切。

所谓经典一定具有丰富的内涵，不同时代都会有它的现实意义，都显示出针对性，这就是所谓经典的张力。换句话说，这篇小说，在今天中国也还是经典。

上次我曾经给大家推荐过《虚拟的历史》，书中假设希特勒把英国人打败了，把斯大林打败了，今天的世界将会怎样。书中假设戈尔巴乔夫被他的部下成功软禁，世界将会怎样。我们也不妨假设一下毛泽东今天还在，中国将会怎样？

这就是经典作品为什么到今天还有价值的原因所在，值得我们深究。

第二节课，深刻即优秀。

周菊妹老师这节课可以说是"源于学生，高于学生"。刚才周老师已经介绍了，事先有学案布置给学生，让学生发现和质疑，学生所发现的不少是颇有价值的，例如学生发现文章称呼的前后不同，先是"漫游者"，后是"先驱者"，用词不同。学生所提问题也是很有价值的："先驱者悲剧产生的根源是什么?"周老师这堂课的教学就是从学生这里来，从学生思维原点出发，这是教学的起点。

难就难在要高于学生。高在哪里？主要在对课文最后环节的分析上，很有意思，抓住最后一段话"这样的事情发生在过去，也发生在现在，不过将来（我们希望）这样的事不再发生了"，对这句话进行分析。和《变色龙》对应一下，发现了文章的价值和典范意义在这里。为什么"也发生在现在"，而且将来还会发生？很深刻。着眼于文本本身，这是第一步。

文章提到当经过一番波折之后，一切回归正常，"人们解下马和牛的套具，把牛羊赶进牧场，建造起自己的房屋、规划自己的土地。从这以后很长时间，人们又过着幸福的生活"。老师提醒学生关注"自己的"，这是自主、自由的体现，但是很长时间以后，又过着幸福生活，导致人们不再去进取和探索，死去的先驱者的意义消失殆尽。

周老师带领学生挖掘其深刻涵义，这些是值得咀嚼和品读的地方。周老师引用胡适的两句话"异乎我者未必即非，同乎我者未必即是"，穿插塔利班毁掉巴米扬大佛的事件，都是很有意义的，从文本出发，不是陷于文本，宕开一笔，不是为了别的，是反过来加深对文本的理解。大凡有咀嚼的味道文本就是需要反复研究的，不局限文本。

顺着周老师这个思路，还可以继续往前走。继续引导学生再走一步，再上一个台阶，再深一度，再支撑学生一把。

第一，再走一步，顺着学生的发现再往前延伸开来，比如学生发现了

"漫游者""先驱者"称呼的变化，应该用哪个称呼，为什么？这个问题我们教师可以再追问一下：为什么先用漫游者，后用先驱者？道理很清楚，文本已经点出来了。因为以后大家发现他是对的，是正确的，才给他贴上"先驱者"的标签。

第二，再上一个台阶，也就是让学生进一步地思考。刚才学生提出了非常好的问题：先驱者悲剧产生的根源是什么？这种问话方式，不是来自学生，这种用词方式，实际上是老师多年标准化训练的结果。"根源"这个词儿就带有老师话语标签，是教材语言，是成人语言。我顺便插上一句：文章的"无知山谷""守旧老人"等等其实是败笔，因为太概念化、标签化，一看就知道了。当然我们也理解房龙写的还是通俗读物，是针对广泛大众的读者对象。

而我们的教学能否在这个基础上有所变化？与所谓"根源"相比我们更应该找出来的是情境的原因，什么是情境？先从思维方式角度来讲，就是还原思维，先还原人家为什么这样。村民们难道是傻子？他们也是有经验、有智慧的。因为他们有过这样的经历，注意文本，曾经出去的"这些男男女女"再也没有回来。这些经验是血的教训，出去寻求新路的结果就是有去无回，这就是下场。因此我们首先要寻找村民们当初那样对待先驱者的所谓"合理性"原因，这就可以找出学生理解的难度。最终是为了找出他的不合理的原因所在，真正认识清楚守旧老人的问题所在。否则，学生不可能真正认识。

宕开一笔，我们一些基层单位为什么不搞直选？原因在哪里？因为有教训，老百姓文化水平不高，民主能力不强，反而影响了工作进程，所以干脆就不搞。这些细节，设身处地，值得我们去理解。

这些守旧老人不是真的就这么愚蠢，而是根据他们的经验判别的。当条件、结果没有改变的时候，他们认为出行失败的结局是注定的。不到结果完全不同的那个时候，他们不会改变，非得到不得已的时候，才会改变，很多人就是这样"不见棺材不掉泪"。

从大的方面说，从中世纪到文艺复兴，这是一个历史的大转折，要不是涉及人类的生存，不可能有这么大的变化。当鼠疫弥漫的时候，人们才发现，没有上帝，因为大家眼见到神父、修女也是一个个死去，自然就会怀疑哪来的上帝。这个就是所谓的再上一个台阶。

第三，再深一度，就是理解问题更深一点，更全面一点。比如理解宽容的精神含义。课文确实是讲宽容，但几个问题要搞清楚，首先宽容是对谁提出来的，要求谁讲宽容，是要求守旧老人要宽容，村民要宽容，读者要宽容，还是要求所有的人都要宽容？其次是要对谁宽容？对老人宽容，对先驱者宽容，对村民宽容，还是对大家都要宽容？接下来的问题还可以继续探讨：为什么要宽容？真的能宽容吗？谁能做到宽容？谁真的能做到宽容？如果真的要做到，如何才能做到真正的宽容？

不一定非要有精确具体的答案，讨论这些问题本身就是思维的深入，理解问题，不是简单停留在一个层面上，而是要有层次。

第四，学生是需要支撑的。我很欣赏周老师让学生课前去看《宽容》原著。周老师也知道高三的学生不太可能去看原著，就列出了《宽容》的目录，这很好，就是给了学生理解文章的支架，但还不够。因为这个目录太简单了，很难起到帮助学生理解课文的作用。我们都知道，序言对理解文章有好处，反过来看了书再理解序言也是有好处的。因此目录这个支架能否再丰满些，多一些内容，对孩子阅读的支撑会更有力。

当然这都属于事后诸葛亮，就像于漪老师说的，教学是遗憾的艺术，上了一辈子的课，上了一辈子令人遗憾的课。

展现师生智慧的课堂

——评兰保民的《老人与海》教学

【兰老师是我曾经的同事，也是语文特级教师，他这堂课启迪了学生的智慧，也展现了教师的教学智慧。】

考察兰保民老师这堂课，无疑是一堂智慧的课，他的智慧与前面我所说的不完全相同，更鲜明地体现了启迪学生智慧的特性，让学生在课堂上尽兴地展示自己的思想和才华，毫无疑问兰老师这堂课是成功的！这是一堂成功的语文课，这是一堂成功的小说鉴赏课，这是一堂成功的人文素养课。

先回顾一下这堂课的教学过程。第一步，是先让学生述说对小说的总体感受，学生概述了故事情节，总结了对主要人物老人圣地亚哥的看法——坚强、勇敢、乐观、有拼劲、很坚韧，这一步的目的是检验学生预习情况如何，以便教师确定本节课的教学起点，学生的认识起点就是教学的逻辑起点，基于学生由此得以体现。兰老师一方面肯定学生的认识，另一方面并不是简单地停留在学生认识层面上，而是迅速找出学生认识的思维偏差，学生是从单一的肯定角度去评价人物的特性——那些高大的方面，兰老师用圣地亚哥"是不是战神、大力金刚"这样的反问，非常巧妙地将学生观点引向极端，让不合理性充分暴露，让学生立刻明白问题所在，让学生理解人物的另一面——"内心中也有瞬间的软弱，对自己对抗困境、逼退威胁的能力，他也有怀疑、迟疑和逃避"，而不是用标签式的语言贴在人物身上。兰老师不厌其烦地让学生深入文本细处，去认真地体会人物在特定时候、面对特定对象、处于特定境况时的心理动态，哪怕是一丝的犹豫动摇恐惧退缩都让学生抓住了，但终于还是战胜了自己，勇敢地迎接挑战，通过否定之否定，还原一个真实的老人。

第二步，教师让学生提问，将学生在预习过程中的发现或者问题提交出来，这一部分我想教师主要想让学生对文本做细致的研究，特别是对小说的写法和语言做鉴赏。其中一个学生很自然而且真实地提出自己的问题：课文里为什么有这么多"他想"？兰老师抓住学生的问题延伸开去，让学生进一步发现文章还有许多"他说"，接下来重点讨论"他想"与"他说"。教师给出思考路径：一条路径是，他的"想"和"说"这种行为本身意味着什么；一条路径是他"想的"和"说的"内容有什么意义。笔者认为这是教师教学到位的地方，"于无路处指路"是教师应尽职责。

当学生思考不下去的时候，教师适时地给出支架，亮出法国思想家帕斯卡尔的一段名言，给学生以启迪和力量，"于无力处给力"，学生的思想"柳暗花明又一村"。

当学生自以为明白的时候，教师又抛出问题："他想"的内容和"他说"的内容构成了什么关系？这其实是给学生指出一个新的思考方向，"于无向处指向"，学生豁然开朗："他想"的大多数是危险和不利，"他说"的内容往往是在激励自己——两个自我在对话。

第三步，教师继续让学生提问，很自然地过渡到景物分析上面。让学生明了这片海是遥远的、人迹罕至的海。教师让学生体会这段景物描写对于塑造人物有什么样的意义。教师的聪明之处体现在课虽然是散开来让学生阅读、发现、提问，然后来分析讨论，但始终在文本的框架内，在主要人物的框架内，始终扣紧人物来分析，这样教学集中有效，效果就非常明显。经过大家讨论、教师点拨，学生理解了人物的远大目标，理解了老人是一个很有荣誉感的渔夫。教师进一步延伸开去，让学生认识文本的张力，由老人联想到有着这种精神的其他人物，把人物的典型意义充分挖掘，把小说的意义充分揭示。

第四步，教师提问，在学生无疑处教师提出问题：到底老人是否被打败？"于无疑处生疑"，兰老师从文本的矛盾处出发提问：真正的人永远不可能被打败，这是老人第一次击杀了那条鲭鲨的时候，他给"人"下的定义。但是在文章第88段，同学们来看，"他知道他终于给打败了"，也就是说宁死也不认输的老人最后竟然认输了。这不是矛盾吗？从文本出发，当然要带着学生回到文本讨论，但兰老师并不仅仅停留在文本上，而是领着学生从文本到历史，从历史到现实，从写实到象征，深入理解小说的悲剧性，深入理解人物的悲剧性。

这堂课教学所呈现出来的可以说是两条线索：一是学生行为，是明的，课堂上呈现出来的；二是教师行为，基本上是暗的。教师没有多少现场独白，而是让学生充分展示自我，但教师始终在引导学生，于无路处指路、于无力处给力、于无向处指向、于无疑处生疑，在教师的循循善诱之下，学生的能动性被充分调动起来，学生对文本的理解走出简单化、浅显化的格局，打开思路，放飞思想，尽情思考，深入理解，最终豁然开朗。应该指出的是教师的引导作用都是在尊重学生的前提下进行的，学生阅读，学生感受，学生发现，学生提问，基于学生的学习现状，教师加以引导，而不是让学生始终被教师牵着走，教师在课堂上始终保持好自己的角色定位，到位而不越位。所以我说这堂课是成功的，是充分展现学生智慧的课堂，当然也是充分展示教师教学智慧的课堂。

克服浅薄，拒绝简单

——评张广录、耿慧慧的课

【2013 年 5 月 9 日，我们一行三人应邀来到嘉定外国语高级中学，张广录执教《拿来主义》，耿慧慧执教"证伪思维——增强议论文的逻辑性与思辨性"，我负责评课。】

今天我们欣赏了两节课，一节是阅读课，一节是作文课，两节课有许多共同之处。

首先，克服浅薄，拒绝简单化。

两位老师的课都是基于问题的研究课。今天是教研活动，两位老师的课，都是针对语文教与学的问题来的，耿慧慧老师针对学生作文缺乏基本的逻辑性，一味地简单枚举，一味地套用材料，缺乏自己独特的见解，立论不严谨，论证不严密，针对这些现象，教给孩子们基本的思维方式，教给孩子们思维的过程。张广录老师发现语文老师给了学生一些模式，给了学生一些标签式的观点，谁也没有琢磨这些观点都有什么问题。针对教师模式化套路化地简单解读经典，导致学生阅读经典作品囫囵吞枣的现象，针对学生浅层次地简单理解经典作品的现象，张老师以自己的教学力图改变学生的现状，让学生真正有所收获。现在有许多课，形式很热闹，但是在低层次上讨论和热闹，把原本复杂的问题简单化。

这两节课的出发点都是源自问题，源自语文教与学的问题，两位老师深入思考问题，深入研究探索，打破常规，克服浅薄，拒绝简单化。为什么要打破今天语文教学的一些常规？因为这些常规有问题，以貌似正确的套路约束教师自己，再影响孩子，导致学生的浅薄，导致学生思维的简单化。刚才有老师说，语文教材把《拿来主义》当作议论文，而事实上《拿来主义》并非典范的议论文，而是带有鲜明的鲁迅特色的杂文，张老师回归经典作品的杂文本色来教学，可以说是正本清源。

教材不是圣经，教育部一个参与制定课程标准的司长说过：课标不是圣经。更何况教材和教参更不是圣经，教材编写过程中也会有问题，发现问题，就要纠正问题。结合学生的实际情况，结合我们对教学的理解，用我们的思考和判断来教学生。

两位老师在这两节课中都有一个共同的目的诉求：克服浅薄，拒绝简单化。

其次，基于学生，高于学生。

要克服浅薄，拒绝简单化，真正体现语文课的价值，那么教学目标的设置一定要基于学生，并高于学生。如果教师和学生站在一个层面上，语文课肯定没有吸引力，调查表明学生对语文课的满意度很低，仅仅好于政治课，重要的原因是学生在语文课堂上得不到有价值的、让他感兴趣的、他不知道的却很有意义的东西。

从初中开始不少语文课堂上老师就是教学生一些浅薄的套路，到了高中一些语文课堂仍然停留在这样的层次上，老师自身对教材内容没有自己的理解，所教的内容基本来自教学参考书，学生更加没有兴趣了。今天张广录老师这堂课学生很感兴趣，因为他们觉得有收获。课上完了，学生还要缠住张老师继续问一些感兴趣的问题，说明学生已经被老师调动起来。

高于学生，关键在于教师要不断提高自身修养，只有具备比较高的语文素养、深厚的文化积淀，教师才能在阅读文本中读出一系列的问题，读出自己独到的体验和感悟。

再次，生态还原，还原思维。

从方法层面看，两位老师不约而同地采用生态还原的方法，还原思维的流程，还原现实。关于逆境出人才的作文命题，耿老师把学生写作的思维过程还原，逐一具体化，对"逆境出人才"你怎么看？可能出现几种观点？哪一个观点可以否定？哪一个观点可以站住？逆境、顺境为成才提供了哪些有利条件？哪些不利条件？在逆境中，一个人的态度和行为会有几种可能？当今时代，顺境多，还是逆境多？第一步从问题出发，第二步提出多种可能的认识和行为，第三步分析各种认识和行为的正负因素，第四步排除负面因素的认识和行为，第五步确立逼真度高的观点——"我"的观点。把整个思维过程还原，和现实联系起来，这样学生就不至于立论偏颇，简单论证。

张广录老师从教师备课开始，就把自己还原为一个阅读者，自己读文，自己思考，自己感悟，自己分析，而不是像有些教师那样做教参的"搬运工"，照搬教参，搬名师的教学实录，因而没有自己的独特体验。张老师自己阅读，自己去发现，这些发现和感悟是最有价值的。张老师站在学生的角度，想象学生读到这里，会出现什么情况，作为老师，该怎么搭建这个桥梁，还原学生阅读情境。这样的备课才是到位的备课。

张老师既做了阅读还原，也做了写作还原，他教这篇课文如何阅读，也是在教学生如何写作，不时地站在写作的角度询问学生，在文章矛盾处，在写作疑问处，在作者有所选择处，在读者可作判断是非处，让学生设身处地做写作思考，包括观点判断、材料选择、论证表述。一篇文章，说到底，是一个工具，是一个载体。张老师借这篇文章，教文章背后作者的思维。这种生态还原方式，对学生很有启发，很有意思。

第四，不是教文章，而是教学生。

两位老师的课堂都不是为了教文章，而是借助文章教学生，要让学生变得聪明起来，希望通过教学使学生想问题不要太简单化，看问题不要太浅薄。

两节课都能够站在学生角度设计教学，都有一个宏观的架构。张老师的课，一上来就用PPT介绍什么是语文课，语文课应该追求什么，什么是真实的阅读，如何走向真实的阅读，学生应该持什么样的阅读态度，这无疑是先给学生洗脑子，让学生明白真实而有价值的阅读，为学生这节课的学习打下很好的基础。这个开头很有吸引力，如果再配上男中音朗读一下，效果可能更好。这个设计是着意为之的，因为教师第一次教这个班级，学生是第一次接受这样的阅读教学，师生之间是有隔膜的，必须让孩子理解教师的教法，并慢慢适应这样的学习方法。耿老师的课，开头出示了一个作文片段材料，不做是非判断，让学生产生疑惑：究竟对还是不对？然后再慢慢展开，步步推敲，最后水落石出。

相比较而言我更欣赏课上一些微观的问话小细节。张老师的课，很精致，由一个细节过渡到另一个细节，许多地方很有意思。比如第一段，问：梅兰芳到欧洲去演出是一种文化交流，鲁迅为什么要讽刺？学生答不出，那暂时先放下。课堂上老师提出问题，学生回答一时回答不了，就暂且先放一放，没有必要盯住不放反复折腾，学生读了下文，或者读完全文，或者找出一些佐证，自然会知道。张老师后面引用鲁迅的话，说明原来不过是鲁迅不喜欢梅兰芳的男扮女装，是一种很主观化的情感态度。还有很多小细节也颇有意思，张老师的问话总是站在学生角度来问的，比如，假设可以作为例子吗？你们发现自相矛盾的地方吗？我们的文章能这样写吗？这样是对还是错？再如："欲望是存在的欠缺"，很平常的意思，但表述得很有意趣，颇有吸引力。在是非问题上，张老师从不含含糊糊，比如针对鲁迅"攻其一点，不及其余"的做法，张老师明确提出不要学生学习。实际上，教师这样上课，和学生的阅读与写作联系起来，既还原了文章的生成过程，也还原了作者的写作心态。其实，这种还原作者细枝末节的心态，和学生的写作过程正好是吻合的。

第五，隔与不隔。

刚才耿老师在自我反思的时候，觉得这堂课学生好像没有完全调动起来，课堂气氛不够热闹。其实，今天的课，学生和教师有隔膜，是真实的。师生之间有点"隔"是正常的，因为学生第一次见到这样的老师，第一次上这样的课，第一次接受这样的教法，学生既新鲜，又不完全适应，有生疏感，自然学生和老师有"隔膜"。如果不隔，就是不正常的，那很可能有作假的嫌疑。耿老师在课堂开头，把学生作文套题现象用夸张的语言表现出来，引得学生会心地笑了，还是起到营造课堂气氛的作用的。

第六，可以提升的地方。

两节课，都还有可进一步改进的地方，进一步提升的地方。张广录的课可以给学生更清晰的判断，这个年龄段的学生就是这样，达不到成年人认识问题的高度，他们需要清晰的判断，教师通过总结，拎出一些东西来，即对阅读和写作规律做清晰的梳理。耿慧慧老师的课可以更精致一些，比如前面组织学生讨论还可以更紧凑一些，还可以再压缩一些。碰到学生一时达不到的地方，可以先放一放，把时间留出来，让学生对"案例一"进行重新评价，而不是把事先准备好的东西端给他们。

育才语文的味道

——点评范琪斌的《那树》

【上海育才中学曾经是名闻遐迩的学校，学校之所以有名，主要是课堂有特色，所谓育才特色。这是我的评课。】

这是一堂非常典型的育才语文课，充满着育才语文课的味道；也可以说是一堂非常典型的海派语文课，充满着海派语文的味道。

理由就在于它的精致，精致体现在三个方面。

其一，目标定位精准，体现语文要求，体现学生实际。知识目标是了解文章的行文线索，体会托物寓意的表现手法，理解对比手法的运用，把握文章主旨；能力目标是品读段落中的关键语句，体会文章凝练而蕴味深刻的语言，感受老树的命运，体会作者的情感及写作意图。既考虑散文的教学要求，又兼顾八年级学生的特点。既没有旁逸斜出，也没有别出心裁，中规中矩，从这个意义上说，适合的就是最好的。

其二，从课的表现形态看，非常朴实却又非常细密。课的开头用一首与课文内容有一定关联的通俗歌曲导入，不温不火，适可而止，总共不到两分钟，引出课文，创造了一种与课文内容非常适宜的氛围。整堂课主体部分的框架分为：初读课文，整体感知；再读课文，探究主旨；课堂小结，拓展延伸。干净利落，不枝不蔓，逻辑脉络非常清晰。课堂的板书设计言简意赅，清晰明了，用稍许夸张的话来说"增一字嫌多，少一字不够"。这些都是体现传统语文课非常有益的一面，我们不反对语文课改，但是我们反对不顾语文课堂教学逻辑的课改，反对那种缺乏教学常识的课改。

其三，这是一堂充分、细致体现教师自身教学追求的课，执教者对散文教学有着自己独特的追求："读在美处、议在妙处、练在精处、讲在深处。"今天的课改一个重要的收获是语文教师学习了很多新理念，在我们语文教学领域不乏有多种多样炫人耳目的口号，但实话实说很多口号也仅仅是停留在口号层面上，最多作为一个帽子戴在课的头上而已，口号内里所反映的教学思想并没有很好地体现在整堂课之中。范老师的课体现课改精神的地方在于细节，育才中学在20世纪70年代末80年代初开展教学改革，认为课堂应该是学生学习的场所，要变"授"为"学"，总结、提炼出了"八字教学法"，具体来说，就是采用"读读、议议、练练、讲讲"这个基本形式进行教学，取得了很好的成效。范老师在这个基础上进一步探究，读在哪里，议在哪里，练在哪里，讲在哪里，可以说这是语文学科对育才经验的落实，也可以说是对育才经验的深入发展。本堂课很好地体现了范老师的"读在美处、议在妙处、练在精处、讲在深处"。

读在美处，范老师让学生选择自己喜欢的语句或段落，有感情地品读课文。

议在妙处，范老师让学生假设如果你是一棵树，耳闻目睹自己的"兄弟姐妹"不断的倒下，面对人类，你想说些什么？

练在精处，范老师让学生品读关键语句，体会文章凝练而蕴味深刻的语言，掌握托物寓意等表现手法。

讲在深处，对文章的布局安排、情感的层层蓄势这些教学难点，教师做深入浅出的讲解，对文章第二部分，教师也做了适当的讲解，帮助学生理解大自然在人类的破坏性开发面前的脆弱、无奈、痛苦及令人肃然起敬的执着奉献精神。

这三个方面其实教师都非常重视学生的自主学习、自主研讨，充分体现学生作为学习主体的作用，变被动的学习为积极主动的学习，让学生成为学习的主人，体现出了现代教学理念。教师的作用体现在紧要处的精当点拨上面：当孩子们只有一种理解时，教师启发他们多种理解；当孩子们没有疑问时，教师启发他们于无疑处生疑；当孩子们徘徊在一个层面上时，教师启发他们深入思考。

难能可贵的是教师的耐心，一次次的提问，一次次的等待，一次次的鼓励，一次次的启发，一次次的纠正，在师生对话中非常圆满地完成了这篇课文的教学目标，取得了很好的效果。

如果要提一点意见建议的话，我觉得作为海派语文的一个特色，就是应该稍微撒得开一点，不要过于局限在课文本身，无论是在文章主体部分的学习，还是最后部分的延伸拓展，如果教师能把学生学过的课文，和学生虽没有学过但与此文有相似之处的文章，拿过来为我所用，那效果或许会更好一些，散文教学有时候也需要散一些，海派语文需要再潇洒一些。

于无疑处生疑，于无向处指向

——评新诗单元的教学

【现在很多人都在说把课堂还给学生，但很少人关注老师在课堂里应该干什么。】

上课要怎么上，评课要怎么评，都值得我们反思。上的是一篇课文，但我们不能局限在一篇课文上来思考；评的是一堂课，但也不能局限在一篇课文的教学来评价。必须要有宏观意识、全局意识，也就是要有课程意识、语文课程目标意识。

通过课堂教学，我们的目标无非是让学生由不知什么到知什么，即知识的变化；由不会什么到会什么，即能力的变化；由不爱什么到爱什么，即情感态度的变化。这些就是课堂教学的效用所在，而这一切需要学生在课堂上思考什么来达到。而让学生进行有价值的思考，关键在于我们教师先要进行有价值的思考，于是在课堂上我们设置什么让学生思考就成了一个关键所在。

高中语文教材只有这一单元是新诗单元，也就是说高中生的新诗基本素养就在这几篇课文的教学中要得以落实。

最让我失望的是 D 老师的课，是他的教学造成的。他一开始非常大气，一下子把我的胃口吊高了。第一个问题就是："同学们，你们在这一单元中喜欢哪篇课文？"学生都说不太喜欢《雪落在中国的土地上》。第二个问题："你们课外读新诗吗？"学生回答基本上不读。这两个问题的设置，潜台词很清楚，通过这篇课文的教学，我要让你们由不喜欢这篇课文到喜欢这篇课文，由不喜欢课外阅读新诗到喜欢阅读新诗。应该说这样的开头一下子就把自己这堂课置于非常不易的地步。如果成功，这样的开头就非常大气。紧接着，D 老师呈现 PPT：1937 年中国发生了什么事情，1937 年 7 月 7 日的北平，7 月 30 日的天津，8 月 13 日的上海，12 月 1 日的南京。在音乐的伴奏声中，教师朗读课文，很快就把学生的情绪调动起来，气氛渲染得非常成功。紧接着教师进入分析，一下子就落入万丈深渊。毫无情感的分析，琐碎的提问回答，学生情绪完全落下来。配乐 PPT "1937 年中国发生了什么事情"展示之后，如果老师这样说：在这样的时刻作为一个诗人，一个有着高尚情感的公共知识分子，应该做什么？答案当然是当时的国人最需要什么，诗人就应该给读者什么，这就凸现了诗的价值，诗人的意义。诗歌有私人化写作，诗歌也有公共写作，艾青的诗无疑是后者。读者读了这首诗会有什么感受，情感会产生什么变化，会起什么样的情感波澜，最后探究诗人是如何表达的，要有几个宏观的问题把一首诗歌的阅读提起来，牵一发而动全身。

T 老师上的是《双桅船》。学生预习非常充分，但整堂课几乎没有生成什么有价值的内容，思维的含量也不高，在浅表层次上交流，对学生思维品质的提高意义不大。我的观点是当学生在浅层次思维的时候，教师应该引导学生深入一步思考，提升思维的层次，比如将《双桅船》与《再别康桥》作一些比较，这也是一种课程意识，课程的单元意识。《双桅船》是女性作者的诗作，但却有着男性的刚性；《再别康桥》是男性作者的诗作，却有女性的柔美。什么原因？这其实和时代有关系。《双桅船》的第二段语言、意象几乎都带上那个时代明显的烙印，"风暴""灯""不怕天涯海角""航程"等等明显就是"文革"语言的语素，当然和诗人的个性气质也有关系。

在浅表层次上交流这种现象我称之为无障碍阅读，在当下的语文教学中比较常见。我曾听过一位初二教师上的说明文，任务是让学生学会把握说明对象及其特征，开始解释几个生字、词，然后找说明对象、说出对象特征，最后概括阅读方法（标题法、中心句），整堂课学生根本没有任何障碍，非常轻松地完成任务，完全是无障碍学习。无障碍学习就是效率低下的学习，这篇文章就这样轻轻滑过。阅读文章一般是经过认字、识词、明句、知段，读懂文意，把握对象，结果这位教师是从认字直接跳到把握对象，事实上学生阅读文章时提出的不少有价值的问题都被教师简单跳过。

学校是为学生服务的，学校的价值在教师，起作用的、创造价值的主要不是学生而是教师；课堂是为学生服务的，课堂的价值在教师，起作用的、创造价值的主要不是学生而是教师；如果不是这样的话，学校的意义就没有了，教师的意义就没有了，课堂的意义就没有了。

我反对把课堂还给学生的提法，把课堂还给学生就没有课堂了。课堂最本质的特征就是教师与学生当下即时性的互动交流。教师在课堂的作用就在于：于无向处指向，学生没有方向的时候教师要指明方向；于无路处指路，学生无路可走的时候教师给学生指路；于无疑处生疑，学生觉得没有问题的时候教师应该引导学生去思考更深的问题；于无助处支助，学生缺乏帮助的时候给予帮助；于无光处点灯，学生在黑暗中摸索，教师一定要给他们光明；于止步处鞭策，在学生停滞不前的时候教师要给学生强有力的鞭策推动。

T老师的课就应该在学生无疑之时教师及时生疑，引导学生进入更深的思考。D老师的课在学生无方向时要适时指明方向，及时给予帮助。

Y老师上的《再别康桥》煞费苦心，由"别"而"康桥"而"再"，最后论及诗人徐志摩，逻辑线条非常清晰。但是就"康桥"与"剑桥"讨论就毫无价值。这是一个地名，诗人采用什么叫法在诗作中并没有什么意义，这完全是一个伪问题。也许教学参考书上有这个说法，但教学参考书常常有许多问题，我们不能不加分辨地加以采用。

我想作为语文教师，我们应该站在学生角度想想：一首诗学完了，学生知道什么了？学会什么了？我以为起码一点，学生应该知道这首诗到底好在哪里。但从Y老师的课上我们不知道。这堂课有大量局部的细节分析，却没有整体的宏观把握，见叶不见树。

《再别康桥》原本是一个并没有多少愁苦生活体验的青年来谈论别情离绪，诗作或许有那么一点青年人特有的矫情，但诗作一旦出来，它就活了，就有生命了。《再别康桥》为何能打动如此多的读者？认真读读原诗就可以明白，诗作的开头和结尾就是让人难以忘怀的诗句："轻轻的我走了，正如我轻轻的来；我轻轻的招手，作别西天的云彩。""悄悄的我走了，正如我悄悄的来，我挥一挥衣袖，不带走一片云彩。"这些就是最经典的诗句，因为它说中了许多人内心深处那个柔软的东西，那个不愿意打扰、不愿意碰触的圣洁之物。所谓经典作品就是有无限的张力，这个"康桥"在每个人心中都有特定的含义，这就是经典的价值之所在。

课的魅力其实就是人的魅力

—— 读《听李镇西老师上课》

【我很少看着教案评课，也很少看着教学实录评课，这一篇就是很少的一次看文评课。】

我一向是喜欢走进课堂听课，而不愿意看所谓的课堂实录，虽然现在的课堂实录已经蔚为大观、充斥书市，虽然我也曾经应编辑之邀写过一些课堂实录，但是我就是不喜欢读别人的课堂实录。曾有一位青年教师一再要求我为他即将发表的课堂实录点评，我一再声称看课堂实录实在没有感觉，但他依然锲而不舍，于是我只好写了，但结果是三方面均不满意，我不满意，他不满意，编辑不满意。原因很简单，课是在课堂中生成的，是灵动的，且听者不断地与之碰撞交流，体验就由此而生了。剧本似的文字很难再现灵动的、充满生机的课堂，就像读剧本与看电影一样的区别。

但是读《听李镇西老师上课》有一种别样的感觉，李镇西的课与李镇西的文字都有一种独特的魅力。我似乎很难用几个形容词来概括，我的直感是李镇西的课是他自己的课，是他的心灵、他的思想、他的情感、他对课文的理解、他对生活的认识与学生碰撞之后而生成的课，他的课带着他鲜明的个性特色。他的课堂教学的价值取向"不要刻意追求什么'高潮'什么'热闹'，我追求的关键，是我们每一个人的心，是不是走进了课文?""同学们只需要用自己的心尽可能贴近作者的心就行了。"(《冬天》)

他的这种价值取向是有具体标准的，"对一篇课文，怎样才算读进去了呢? 我认为，第一，读出自己;第二，读出问题。所谓'读出自己'，就是从课文当中，读出自己所熟悉的生活或场景，读出和自己思想感情相通的某一个情节或人物形象，甚至读出触动自己心灵的一个时代或一段历史……我读出了自己——这就是所谓'共鸣'!同学们，'读出自己'就是欣赏。""什么叫'读出问题'呢? 这就是研究。对于没有读进去的人，是提不出任何问题的。"(《冬天》)接下来的课就是按照这个"读出自己——读出问题"的程序来进行的。这样的教学化繁为简，返璞归真，折射了李镇西对语文课堂教学的基本观点，我赞同这样的观点，我欣赏这样的教法。

当下，课程改革的宣传活动越来越多，理论家们的讲演越来越多，报纸杂志的观点越来越多，于是语文教学越来越复杂化，语文教学承载了越来越难以承载的任务，这样的结果是越来越"去语文化"了，于是善良的语文老师们越来越不知怎么教了。把简单的问题复杂化，把复杂的问题复杂化，把复杂的问题简单化，把简单的问题简单化，这是我们常常碰到的四种不同的做法，每个人都会做出自己的心里判断和选择取向。

我赞同李镇西化繁为简，语文教学原本就应该是朴素的、单纯的，阅读教学到底教什么，实际上涉及阅读到底读什么的问题，李镇西的课体现了李镇西的看法，当然这不是唯一的，比如，我的看法就与之不尽相同，关于阅读，我是按照"你读懂了吗——你同意吗——你欣赏吗"这样的程序来进行的，观点不尽相同，但我以为价值取向还是一致的，那就是把语文课堂教学回归到朴素的原本状态。

李镇西老师的课堂教学的价值取向还体现在怎样教学上面，我体会李镇西的课一个明显的特征是：把倾听还给孩子，把阅读还给孩子，把研究还给孩子，把讨论还给孩子，把创造性的解答还给孩子，把问题还给孩子。《冬天》的教学魅力还体现在这里，李镇西老师在课堂上的表现就像一个节目主持人，穿针引线，煽风点火，让同学们相互质疑辩论，让同学们相互解答对方的问题，他这个主持人是出色的，他的出色体现在他的适切的话语，适当的时候说适当的话，其实很不容易，何况李镇西的话语是那么精当，幽默，宽容，真诚，自然。

愉悦了孩子，孩子们有一种成功的喜悦，愉悦了李老师自己，李老师也有一种成功的喜悦，也愉悦了在场听课的许多老师，因为他们欣赏到了一堂真实而成功的课，李镇西老师这样教学的结果是师生同乐。

我常常与人谈起一堂公开课的基本标准：常态真实有效，师生和谐共振，实验性示范性。以此为准我们来衡量李镇西老师的教学，无疑是令人满意的，若只以李老师教《冬天》来论，除了实验性不太明显之外，其余的都是很圆满的。当然实验性不突出，与这是一次"突然袭击"的上课有关，我们不能以此来苛责李老师。假如我们硬要寻出实验性，那不妨就把如何出色应对突然袭击的课作为其实验点，这当然是玩笑话了。

其实我还想说说李镇西这本特殊的课堂实录的语言文字魅力。我曾经多次说起李镇西是语文教学界杰出的散文家，他的文字有一种抓人的力量，这个特点我想无须过多分析，只要你读他的文字，你就会有与我相同的感觉，不信，你就试试。

课堂教学也是技术活

【2016 年初，我们明德实验学校和上海语文名师开展了教学研讨活动，一个上午三节课，第一节是上海黄浦区第一中心小学严萍老师执教的《梅兰芳练功》，第二节是上海珠溪中学的向明雄的《邹忌讽齐王纳谏》，第三节是明德实验学校马彦明的《颜氏家训》。以下是我的评课。】

课堂教学当然要有价值判断，当然要有人文思想，当然要有课程理念，当然应该贯彻以学生为主体的教育思想。而课堂教学过程中要真正实现正确的价值观、实现先进的教育思想，还需要教师掌握课堂教学技术，因为课堂是有规律的，因为教学是有方法的，教师教学还是需要历练的。既然课堂教学也是技术活，课前教师就要精心设计，课中就要因势利导、循理而教。

三节课都是好课，因为三节课都有很强的设计感，过去我们说"备课"，现在我们说"教学设计"，同样一件事，我们更换了不同的词语来表达，我不是很喜欢频繁换概念的人，但是对"教学设计"这个说法还是颇为赞赏的，因为就字面意义而言，"备课"强调课的准备，而"教学设计"强调要精心构思，精巧设计，至少有一个程度差异。

第一节严老师的课的设计感体现在教什么和按照什么课堂结构来展开教学上。首先，是教什么，严老师这堂课教的是语言的基础，教词句的运用，特别强化一个精确，通过让学生读，通过让学生说，达成让学生准确表达语句的目标，而且是逐渐展开的语句训练，由谁在干什么，逐渐添加时间、地点、人物情态，非常有序，效率非常高。对重要的语言现象给予充分的关注，一词多义："过硬的功夫"与"硬是咬着牙"两个"硬"的不同含义；同义词："蜚声海内外"，教师让学生说说与此意义相似的词语，让学生举一反三。语文老师都知道文章是永远教不完的，语言也是永远教不完的，因此让学生学会举一反三是一个很好的方式。整堂课训练学生的语言品质，课堂效率非常高。

其次，是课堂结构很有设计感，先学习第5、第6节，然后归纳一般规律，再让学生根据这些规律学习第7节，其基本逻辑结构是：由个别到一般，由一般再回到个别。通过第5、6节语言现象的学习，然后提炼出一般阅读规律："读一读"，读出文章的内容；"圈一圈"，圈出体现梅兰芳顽强毅力的词语；"说一说"，说出梅兰芳苦练跷功的事例。然后教师要求学生自己阅读学习第7节，其实就是要求学生实践运用这些规律。

第二节向老师的课设计感体现在多个环节，开头让学生猜谜语，猜出教师的姓名，试图拉近师生关系，很有语文味；接着让学生看连环画，对照原文，看连环画的表达是否忠实于原文，并加以修改，这个方式是颇有新意的；向老师总结出来的文言文直译"五字诀"：增、删、留、换、调，都是指导学生直译的有效方法。

第三节马老师的课设计感首先体现在学生主体性的调动上。首先，马老师这堂课之所以成功就成功在主体还原，让学生设身处地去体验、去思考。"如果你是世家大族的一员，你会怎么办？""找出一则家训，尝试解决世家大族存在的问题。""假如你是家长，你最想让孩子看到哪一则家训？""作为孩子，你最喜欢家长看到哪一则家训？"想方设法让学生变身为当事人，以主体身份去思考解决问题，让学生作为主体去发现问题，发现原因，发现相同点和不同点，让学生自己去质疑。

其次，体现在教学设问的逻辑关联上。几乎课堂教学的每一个环节都是实质性关联的，而且是逐层递进的，开头猜字，由"老"到"孝"，由"孝"到"二十四孝"，然后让学生自己发现出"二十四孝东汉到魏晋最多"，学生和老师同时产生疑问"为什么这个时期最多"？于是自然需要还原背景。追溯历史之后，马上产生疑问：世家大族为什么会衰落？还原背景，历史是很复杂的，然而课堂上必须聚焦问题，于是教师从政治、经济、精神三个方面罗列历史问题，接着教师把学生引进历史现场"如果你是世家大族的一员，你会怎么办？"从而需要看看当时人做了什么，自然引出颜氏家训，教师让学生阅读课文，然后再回扣前面的问题，让学生找出一则家训，尝试解决世家大族存在的问题。这些环节都是环环相扣的，问题与问题的衔接非常紧密，水到渠成，学生的思维与教师的思维同步，气氛非常融洽。

课堂教学的设计是十分重要的，但更重要的是课堂教学的实施过程，教学过程也需要老师精心施工，灵活把握。既要把控学生紧扣学习目标，也要充分调动学生，激活学生思维；既要讲究课堂结构的形式相关，更要重视课堂逻辑的层层递进；既要放手发动学生，也要因势利导。

三堂课都有遗憾，第一堂课的问题可以概括为"控不逾矩"，教师非常强势，严格把控整堂课，不让学生越雷池一步，完全纳入教师的规矩、轨道，学生稍有越界的地方，老师马上把学生揪回来。这样教学当然有效率高的好处，但这样教学生，学生完全处于被动状态。而且这样教学，教师给学生的更多的是正例，缺乏旁例和反例，学生也很少犯错误，这对学生的语言习得是十分不利的。

课堂教学过程中教师是将生就生，还是将生就师？将生就生，就是把学生放在主体位置上，就学生的问题，分析学生的问题，就学生的实践分析学生的思维，即回到学生本体深处。将生就师，就是把学生纳入到教师的轨道上，教师为主体。我以为不能排除有些时候需要将生就师，但课堂教学主要还是要回到学生处，将生就生，以学生为主体，关注学生问题，解决学生思维障碍。

第二堂课的遗憾可以概括为"放而不融"，向老师不是没有设计，不是没有调动学生，不是没有放手让学生阅读纠错，放手让学生自己品读，但是这堂课师生之间总是有些隔，始终没有相融。也许向老师心里会想：我一开始就想调动学生，让学生猜谜语，猜教师的姓名，就是为了拉近与学生的关系；接着我又让学生看连环画，就是为了贴近学生，但整堂课气氛非常低沉，学生思维活不起来，课上得很不爽。这是什么原因造成的？

我以为有两个主要原因，一个是课堂结构的"隔"，一个是师生交流的"隔"。所谓课堂结构的"隔"，指的是整堂课的诸多环节缺乏内在的逻辑关联，缺乏环环相扣的紧密联系度。第一环节猜教师姓名，猜完就完了，与下一个环节没有关系。然后进入词句理解，主要借助连环画的订正，疏通课文。最后进入文章特色的品读，文章语言妙处的品读。整堂课各个环节的关系，是并列式的，有点像过去的教材教参，先思想内容的理解，然后写作特色的分析。并列式的问题在于缺乏前后环环相扣的紧密联系度，尤其是公开课，教师学生都容易紧张，如果教师课堂结构并列式设计，导致问题之间总是跳跃，学生思维就衔接不上，或者是衔接吃力，导致学生思维兴奋不起来，跟不上教师课堂节奏。

所谓师生交流的"隔"，就是课堂上老师平行展开诸多问题，不断地问，学生不断地答，一个问题接着一个问题，师生之间没有展开对话，教师只是让学生回答，却没有针对学生的回答加以追问，学生相互之间说话，也是各说各的话，没有交集，完全处于自说自话状态，这样一来，学生与老师各自是散的，于是课堂的神就是散的。

比如教师让学生品读文章的特色，有学生说"以小见大，由己及人，由家事到国事"，教师没有追问，只是简单地肯定之后就跳到别的问题上了，如果教师适时向全班同学追问：以小见大就一定好吗？由己及人就必然效果好吗？仔细推敲课文的表达是怎样产生好的效果？这样一来学生的注意力都会聚焦到一个点上，讨论也因此可以走向深入。有些问题原本是见仁见智的，没有统一答案的，老师根本无须纠正，比如课堂最后一个环节，教师让学生谈谈学习本课的启发，这是没有标准答案的，教师尽管让学生畅所欲言，无须规范成一体化的启发。

第三节课的问题可以概括为"随而弗导"，即教师放手让学生以主体身份质疑相关家训的时候，没有及时发现学生错误，没有及时加以指导，跟随学生思维，给予盲目肯定。课堂上老师要关注学生质疑的对错，教学现场，也许时间有限，教师一时反应不过来，但可以让学生仔细核对原文，让学生讨论对错，这样可以给教师一点缓冲时间，保证教学的正确。比如，学生质疑"后妻必虐前妻之子"，讲得头头是道，教师不加辨析，也随大流给予鼓掌肯定，其实原文有个前提"凡庸之性"，这个前置语已经假设规定了是负面的人性，学生质疑"必虐"就毫无根据了。再如"积财千万，不如薄技在身"，对此学生的质疑总在"好技""坏技"上，教师应该站得高一些，强调德的意义，或可改成"积财千万，不如厚德集才"，将德才兼备的意思充分体现，给学生以全面的指导。

教学永远是遗憾的技术活，需要不断实践，不断反思，不断总结，只有熟练地掌握并自如地运用技术规律，才能游刃有余地实现课程目标，实现先进的教育思想。

促进思维发展的课堂教学

——以一次中学语文研究课为例

【2015 年年末，上海市语文名师培养基地到深圳明德实验学校开展语文教研活动，研讨的主题就是"基于思维发展的中学语文课堂教学"。第一节课是上海的谢红新老师上的课《一百个问号之后》，第二节课是上海的殷秀德老师上的课《记承天寺夜游》，第三节课是深圳明德实验学校杨金峰老师上的课《台阶》。下午是评课，包括执教教师说课，听课教师自由评课，专家评课，最后我总结，整个过程持续了 4 个小时，很有冲击力，在场的人都很过瘾，收获很大，没有中途溜号的。以下就是我的即兴总结。】

先说主题，本次研讨活动的主题是"基于思维发展的中学语文课堂教学"，这个主题是我和几位基地主持人一起商讨确定的。为什么确定这个主题？其实也就是基于我们对语文教学的认识，要把问题想透，语文课到底要培养学生什么？有人说："教育的成果就是所有知识遗忘之后剩下的东西，这就是教育成果。"这剩下的东西是什么？我以为除了人品之外，就是思品，就是思维品质，也就是说我们通过教学要提升学生的思维品质。

杜威也说过："不断改进教学的唯一途径就是把学生放在必须思考、促进思考、检验思考的情境之中。"他还说过："困惑是思考的不可或缺的刺激。"而当下的语文课堂教学有很多是无效的、或者是低效的，主要是因为没有把学生放在一个必须思考的情境之中，老师所营造的课堂环境不能有效激发并促进学生的思考，学生课堂中的相互讨论，老师的教学点拨，都不能有效实现检验学生的思考，没有提升学生的思维水平，学生的思维能力几无长进。于是我们这次研讨活动意图就是探索语文课堂如何促进学生的思维发展。

再看今天三堂研究课。三位老师三堂课的教学目标指向是不一样的，也就是说三位老师教的东西各不相同，谢红新老师教的是质疑批判，殷秀德老师教的是文言文化，杨金峰老师教的是原型辨析。

谢红新老师教学生质疑文本，这就是让学生进入必须思考的环境中，通过谢老师有效地调动和示范，学生慢慢学了一点文本质疑的思维方法，并积极尝试着进行有理有据的质疑。谢老师所引导学生的质疑不是纯粹的否定，他的批判不是简单的二元对立，还有建设，他让学生在发现问题之后必须尝试着修改，让学生在修改中学会严密的表达、严谨的论述，在表达中学会表达，在论述中学会论述。

谢红新老师的课，逻辑线索非常清晰，从课的整体结构来看，他是从观点到论述，研究文本，质疑探究，每一个环节教师的教学过程都是沿着"是什么"——"怎么样"——"为什么"——"如何改"——"为什么要这样改"这样一个逻辑线条依次讨论，这样一个过程就是把教师的教学思维可视化，让学生把握这其中的逻辑，有助于提升学生的思维品质。但很可惜，谢老师课堂的最后没有让学生将这个逻辑过程加以梳理，而是让学生比较笼统地谈论课堂收获，教师的要求指向不聚焦，学生的回答必然笼而统之，泛泛而谈。

殷秀德老师的课，教学生读课题，读句读，读注释，读人物，读关系，读情感，读主旨。这是一种比较好的阅读文言文的方法，也是一种思考文本、研究文本的方式，读出文言文的文化味道，而且教师指导学生读的方法在不断变化，有学生自读，有齐读，有个人朗读，有老师导读。通过阅读思考，让学生走进文本，通过课堂讨论，促进学生思考，让学生走进作者所创作的精神世界。

殷老师在说课过程中有所反思，觉得学生有挫败感，那么这种挫败感是怎么来的？我以为主要是教师的教学指导过程出了问题，殷老师总是一发现学生出了问题就即刻打断，学生朗读出错，教师即刻打断，马上指出；学生在讨论时出错，教师即刻指出；正因为这样，学生总是有挫败感，学生的兴奋感建立不起来，连一段话都读不完整，更不可能连贯的思维，连贯的表达了，很显然殷教师操之过急了。教师应该耐心地让学生读完，读完之后再加以指出问题所在，应该耐心地听学生讲完，讲完之后再加以分析问题之所在。把即时打断，改为延时打断，否则学生兴味索然。

杨金峰老师的课重在原型辨析，这是较高级别的思维训练。杨老师事先让学生提问题，全班同学一共提了67个问题，也就是老师让学生先行思考，学生的思考产生在课堂教学之前，那么杨老师的教学伊始就是基于学生，教学问题是源于学生。通过这堂课的教学必须让学生有所长进，就是高于学生。

杨老师运用了变异理论，试图让学生通过正例、反例、旁例的对比，来准确把握文章的内涵。有两个细节对比设计得非常精彩，一个是将课文的散文句子改写成诗行形式，让学生加以对比，体会文章的诗意，体会作者的情感，体会文章的主旨。这个对比非常贴切，因为本文确有诗意，将文段改为诗行阅读丝毫不会有突兀的感觉。还有一个对比是文章的最后，父亲问："这人怎么了？"杨老师将之改变为"我怎么了？"这个变化也是很有意思的，通过比较，让学生体会父亲地位的缺失，无论是在家里，还是在村里，体会父亲所处环境的变化。

这篇课文，有三个关键要素：阶、位、心。"阶"即台阶，"位"即地位，"心"即心理，就是父亲的内心感受。课文围绕这三个要素展开，在父亲心里，地位低是因为台阶低，于是要建高台阶；建了高台阶之后，地位并没有提高，于是父亲心里产生强烈的失落感，失去了生活的目标，精神为之萎靡。错就错在父亲的第一个假设是不成立的，逻辑前提不成立，后面当然不会出现理想的结果。

这堂课设计非常精到，但课堂效果却不够理想，问题出在杨老师的问话不够简洁，学生回答起来有些散，有些泛，不对路。教师问话必须简洁明了，相对聚焦，这样讨论的思路就能理顺，对话就能很好地建立起来。

统观三堂课，我觉得还有必要就共同的问题加以归纳。

第一，是相信学生。这是教师教学的基本要义，阿基米德说：给我一个杠杆，我能撬动地球。我们要相信学生，只要路径正确，只要指导有方，学生一定会还你一个奇迹。我曾经在深圳百仕达小学听课，听的是四年级学生的语文课，学生在课堂里反映出来的质疑反思能力，令我刮目相看，我一直以来都是教高中的，以为小学生的学习一定是很简单的教学内容，但我没有想到如果对小学生加以训练，他们也能做到逻辑严谨地相互质疑，也能做到说话严密的批判论述。进一步了解，百仕达小学的语文教学依据的是国际教育 PIRS 评估理论，该理论就已经对小学语文学习质疑批判能力有所规定。换句话说谢红新老师在初中教学中所体现的质疑批判能力的培养,小学阶段就有学校已经实现。

第二,是重在教师。教师教学重在引导,重在搭台,重在对路。引导就是教师在学习方向上给予学生引导,明确学习思考的目标,并在思维方法上给予引导,同时给学生以案例样板;搭台就是给学生搭上脚手架,给学生提供相应的工具或者资源,让学生有可能进入文本的核心,并能够思考并解释相应的问题。所谓对路,就是教师的引导、搭台针对性要强,要切合学生实际,源于学生,适度高于学生,低于学生、等于学生的当下水平,则学生毫无收获,过度地高于学生,则导致学生消化不良。

第三,是思维简洁。一方面表现在语言上,语言是思维的直接外化。课堂本质上是师生之间的即时性对话交流,交流需要简洁,教师的问话需要简洁聚焦,否则学生答非所问,泛泛而谈,教师问的含含糊糊,学生回答一定是笼里笼统。另一方面表现在课堂的整个思维流程上,课堂的部分和部分之间,环节与环节之间,一定要有内在的逻辑联系,思维的逻辑线条清晰,思维可视化度高,那么有助于学生把握脉络,有助于学生提升自己的思维品质。

第四,是我们的评课研讨。既然是探索,我们的研讨就需要有一种自由言说的氛围,只有自由言说才能充分研讨,思维才能碰撞。评课要基于事实——课堂上实际发生的事实,重在说理——谈出自己的观点,分析要讲逻辑。

我们的研讨氛围非常好,大家自由言说,各自发表自己的观点,摆事实,讲道理,不是一味赞美,当然也不是一味打压。我们听到陈小英老师的评课,她的话不慷慨,也不激昂,她的话非常平和,非常淡泊,但说出了语文课堂教学培养学生思维能力的关键所在。我经常跟大家说,我们看人家的东西，听人家的话语，不但要看表面上的东西，而且要看出它背后的东西。小英老师背后的东西是什么？小英老师在干什么，其实她在寻找共同行为，上午三节课都是语文名师的课，她在寻找这三位老师上课共同的东西，我以为名师的共同行为那一定是课堂教学的规律，比如她看到了三位语文老师的课都有很好的价值取向，不但重视语言训练，而且重视思维品质的培养，重视人文教育。三位老师都非常重视发挥学生的主体作用，让学生自主思考；三位老师共同的教学方法：诵读法、比较法、图示法。这些都是语文课堂教学的基本规律，老实说，把这几个要素做到位了，那一定是好的语文课。陈小英老师的直觉力是非常突出的，她刚才说到从《台阶》的"父亲"身上看到了鲁迅笔下"闰土"的影子，这是一个跨越时空的准确类比。

评课就事论事，实事求是，只要是与人为善的真诚表达，都在肯定之列。有意思的是这次评课，男教师理性色彩浓一些，批评的力度大一些，冲击力也大一些，但紧接着就是女教师评课，感性色彩浓一些，女教师肯定的多一些，言辞更温和一些。男女教师交叉评课，冲一冲，揉一揉，搭配和谐。所以整个评课既自由，又温润；既批判，又和谐。批判不是纯粹的否定，批判思维的一个重要方面是为了建设，为了提升课堂教学的水准。

学科本质与教学本质

【2016 年寒假将过，开学在即，我们请了北京市教育科学研究院小学数学教研中心主任吴正宪老师来明德培训教师，上了两节课，一节是三年级数学，一节是五年级数学，两节课上得非常成功，艺术地再现了数学课改的基本思想，出神入化，如坐春风。】

我对这两节课的总体评价是：深得学科本质，深得教学本质。

先说所谓学科本质，就是源于生活，学科表达，回到生活。

所谓源于生活，任何知识都是来源于生活。我们当然不可能让学生面对所有知识都回到从前的生活情境，但是我们可以也必须让学生在面对有些知识回到生活场景，教师教学一定要考虑创设情境，让孩子们置身于情境之中，去理解知识。第一节课，吴老师先让学生排队，从前面数第五个，从后面数第五个，一共多少人，这是数学的集合概念，让学生从生活中去领悟。

所谓学科表达，在这节数学课中当然就是数学表达。来自生活，但不能只是停留在生活的层面上，要用数学的方式表达生活的特征，来表达事物之间的关系。吴正宪老师不止一次适时提醒学生，数学人不就讲究一个简洁吗，数学不就是要弄清楚数学关系吗，诸如此类的话语就是提醒学生要用数学表达，因为毕竟上的是数学课。

所谓回到生活，也就是我们学习数学知识最终要学会将数学知识运用到生活中去，用数学知识解决实际问题。第一节课的最后环节，吴老师让学生回去以后讲故事，不仅仅是讲故事的问题，其实就是用数学知识解释生活问题。

再说所谓教学本质，就是教学本质：源于学生，高于学生，尊重学生。

所谓源于学生，就是我们课堂教学的起点必须来自学生，吴老师课堂的切入点都是经过精心选择、精心设计的，两节课开头教师提出的问题都是学生容易犯错误的问题，学生的错误就是教学的起点。不仅如此，课堂教学过程中，吴老师不断地让学生提问题，互相提问题，互相诘难对方，培养学生的问题意识，也是锻炼学生思维严谨。

所谓高于学生，就是学生在课堂中要有实际收获，就是一节课之后学生要有提高，要有发展。

吴老师课堂有一个盖住正确答案的细节值得关注，一个聪明的学生很快就会用数学符号准确表示出老师的年龄（$X+25$）岁，机智的吴老师立刻把它盖住，让全班同学都来思考，用自己的方式来表达，结果暴露出很多问题。教师针对这些问题组织学生讨论，真实地解决了很多学生思维过程中的问题，这样的教学真正提升了学生，这就是高于学生。相反，我们有不少老师上课过程中，总喜欢向优秀学生提问，学生回答正确，老师就顺理成章地进入下一个阶段，殊不知许多学生的问题没有暴露出来，被优秀学生的正确答案给遮蔽了，学生原有的问题还是问题，学生思维的问题没有得到解决，因此没有发展，没有提升。

所谓尊重学生，就是尊重学生的表达，尊重学生的思维，尊重学生的经验、经历。

尊重学生的表达，就是鼓励学生说，鼓励学生用自己的话语方式表达，鼓励学生大胆思考，大胆表达，让学生勇敢地尝试，教师所设的问题也是开放性的问题，自身就会有多种答案。不怕学生犯错误，就怕学生错误不暴露，学习从某种意义上说就是试错，学生在不断尝试的过程中不断地犯错误，不断地改正错误，不断地提高自己。教师必须有良好而宽容的心态。

尊重学生的思维，就是尊重学生的思维习惯，小学生的思维一般而言是从具象思维逐步走向抽象思维的，吴老师两节课的结构安排就是一个从具象到抽象的过程，让学生非常自然水到渠成地学习概括、学习抽象、学会概括、学会抽象。

尊重学生的经验，就是教师作为成人必须贴近学生，教师的成人话语必须转化成孩子的话语，即使不能完全转化，也要尽可能地贴近孩子的生活经验。

这两节课吴老师基本上是与学生同位状态，老师与学生置身共同情境，共同遭遇同样的问题，吴老师让孩子罗列一张桌子四条腿，两张桌子八条腿……一直下去，把各种情况都罗列出来，制造紧张空气，让孩子体会受得了还是受不了，受不了再来考虑用简洁概括的方式来表达，因此让孩子真正认识到数学表达的作用。

有共同的情境、共同的遭遇，就会产生共同的情感、情绪，孩子一时不说话，吴老师就说："说呀，有人欣赏你呢。"孩子一时不问，吴老师说："你倒是快问呀?"吴老师着急的心情与很多同学一样。孩子不对与之对话的同学说话，吴老师就说："你对他说呀。"共同语言，用孩子式的语言说话，吴老师的很多语言，让孩子自然地笑出声来，称某个调皮的孩子："你这个小东西。"称回答有六种可能、七种可能的学生为"老六""老七"，跟一位执拗的孩子说："你跟我有一拼。"问学生："你的，明白？"那种亲昵，那种玩笑，让孩子特别愿意接受。

课堂上还有许多细节出色地表现出吴老师的教学理念，有很多教师的教学理念是喊出来的，吴老师的教学理念是十分生动自然地、水乳交融地呈现在课堂当中的。难怪学生下课之后不愿意下课，还希望老师继续上下去，他们已经沉浸在那种美好的课堂氛围之中不愿意离开，这就是学科的魅力，教学的魅力，更是老师的人格魅力。

在彰显风格中关注学情

【2011 年 5 月 26 日在复旦附中参加语文教研活动，现场评课实录，由闵行区古美高中简振雷老师依据录音整理。】

我今天身体不舒服，主要是气压太低，所以心脏早搏，如果有词不达意的地方敬请谅解。

在座的各位都是很优秀的教师，我们刚刚共同观看了两位优秀教师的课堂展示。我每次听课都有一个深切的感受：那就是备课和上课都是发现的过程。从某种意义上来说，备课就是发现文本，我们在研读文本的过程中发现很多东西。这两位优秀教师之所以能有高质量的课堂，是因为他们能通过备课的过程去发现诸多问题，不是简单照搬教参上的内容，而是自己认真研读。

上课的全过程就是发现，对于教师而言，上课时很重要的一点就是发现学生，发现学生对什么东西感兴趣，发现学生对什么东西有自己独到的见解和深刻的感悟，发现学生在什么地方产生了困惑，发现学生的思维处于什么状况。

那么，我们观课评课呢？观课评课就是发现课堂，这其中也包括发现教师、发现学生。

在今天这两节课堂展示中，我的第一个发现就是这两位教师。他们的教学风格是不一样的，我分别用一个词来概括就是：简老师的课堂很"潇洒"，而钱老师的课堂"真实朴素"。这两位老师的教学风格分别和《兰亭集序》《项脊轩志》这两篇散文的风格相协调，产生了一种十分和谐的美感。换句话说，如果我们把两篇文章和两种老师的风格换过来就会让人觉得别扭。我认为这个发现是很有意义的，这也提醒了我们教师在执教文章的时候、在选择教学方法的时候、在选择教学模式的时候，多考虑一下文章显现出来的风格。当然，你可以不认同我的看法。

关于简老师的这堂课，课上设置了两个问题，这两个问题分别是两个不同的环节。第一个问题体现出了一个"牵"字，也就是牵着学生走。简老师潇洒的地方在于他把这个文章完全吃透了，做到了了然于胸。在这个基础上，他的第一个问题就是在牵着学生走，比如作者的情感变化、人生态度、为何而乐、痛在哪里、悲在何处，这些都是牵的体现。他牵着孩子走进文本，除了入文、入言还做到了入句。

然而我更欣赏的是第二个环节，也就是第二个问题，这一部分是一个"放"字。"放"其实是具有难度的，"放"是对语文教师自身功底的一种检验，需要教师自身有一定的知识储备，在"放"了之后和学生进行融合对话。学生可以从教师身上学到什么，教师可以让学生领悟什么，教师高于学生什么，都可以在这个环节中得到体现。简老师通过"放"让孩子们知礼知情。我们刚刚可以看到简老师在教学过程中引经据典，在和学生对话的过程中明显高学生一筹。教师需要这样，尤其语文教师需要这样。

孙绍振教授讲过一句"教师和学生一定要有落差",我对此是非常认同的。在对文章的理解方面,如果老师和孩子始终在同一个层面上的话,那老师的作用体现在哪里呢?很显然,这个落差是必要的,这个落差是老师在课堂上的价值所在。如果老师在第一个圈子里兜来兜去的话,这个课堂就不是高质量的。老师在"放"的过程中、在与学生对话的过程中所体现出来的老师的阅读面和知识储备也会有一些破绽,也会有一些不合逻辑或者是不严谨的地方。

关于知理的问题,简老师说历经苦难才懂得快乐,所以儿子的幸福感没有他强,这句话就是不合逻辑的。子非鱼,安知鱼之乐也?你怎么知道你儿子不如你快乐呢?而且简老师在对话之中提到沈德潜的那句话,"有一等襟抱,方有一等诗文"。这里的"襟抱"应该写在黑板上,很多老师不知道"襟抱"怎么写,很多同学也不知道怎么写,后来黄荣华老师告诉我"襟抱"是胸襟和抱负的意思。

另外最后送给孩子的那句话我个人觉得画蛇添足。第一,它和整篇文章的关联度不是很大,我个人认为没有必要在最后非要上升到德育的层面。所谓的德育,它一定是教学过程中潜移默化的渗透。第二,这篇文章做到了"人文、人言、知理、知行",但是作为一个学生,我还有不满足的地方,我更想知道作者王羲之这个人,我还希望了解这个人对当时文风的影响。我们刚才知道他所谓的知理知行,它往往是即文即理,就是这篇文章的情,这篇文章的理。第三,我认为简老师在处理文本的过程中有一个环节有所缺失,我们虽然人文了,虽然人言了,但我始终感觉没有人境,我认为这个力度还不够。简老师你姑且听之。

关于钱老师的课,他在一开始就把矛盾挑出来。估计听课老师也罢、学生也罢,可能都会有这个想法:我在高一已经学过了,为什么还要重复一遍。钱老师干脆把大家心中的疑问挑出来，刚才老师们在评课的时候强调了这一点我也是非常认同的，我们要基于学生的需求来确认教学目标。

钱老师心里很清楚：这篇文章大家早就背得滚瓜烂熟了，不管你提什么问题，万变不离其宗。但是他通过这个环节告诉我们所有人：我们需要基于学生去教学。还有一个问题值得我们关注，我们今天的课堂教学有一种状态，老师提出一个问题就立刻让学生回答，这个回答是没有任何意义的。学生能马上回答的问题就不需要思考，不需要思考的问题就是没有意义的问题。

钱老师大概有五分钟的时间让孩子们讨论讨论，其实更准确的形容是思考思考。钱老师讲课非常从容，游刃有余。他对文、对言、对字抓得很紧，在提到《项脊轩志》的时候有非常多的人提到了"尝一至"是"经常至"还是"只一至"，他认为结合上下文应该是"经常至"。诚然我们需要结合上下文，但我还是给钱老师提一个建议：在贯彻一个观点的时候，我们应该把这个观点论证得更充分、逻辑性更强。我们可以把文言文里存在于现代汉语中的一些词语的用法作为参照来加以比较。我想到了几个值得我们考虑的词，"时时""时不时""不时""尴尬""不尴尬"，直到"不尴不尬"仍旧是"尴尬"的意思。这样的论证可以为我们的论点提供更加充分的论据，而不是简单因为上下文就把"尝一至"定为"经常至"，这样你的结论可以站得更稳一些。

这两篇文章其实风格各异，在读完之后我有一个想法：老师不妨从文章中跳出来看看，这两篇文章的风格一直延续到了当下。前者《兰亭集序》可以从余秋雨的散文中看到它的影子，《项脊轩志》可以从刘亮程的文章中看到它的影子。这种适当的延伸也是很有意思的。

我就说这么多，有说的不好的地方，敬请谅解。

当一首班歌唱了 30 年

——评李镇西老师在明德的报告

【2015 年寒假将过，开学将至，我邀请了好朋友李镇西老师给我们明德老师做了一天的报告，报告结束，我即兴发表以下看法。如果说李镇西老师的报告就是给教师们上的一堂课，那么我的即席评论就是现场评课。】

我跟李镇西老师交往应该有二十多年的历史了。第一次和他交往是读他的《爱心与教育》，我这个年龄段的人一口气把一本书不分白天黑夜的去读，直到读完为止，可能数量是不多的，《爱心与教育》就是这样一本书。

我曾经到过李老师所在的学校，也听过李老师的课，也评过他的课，也请李老师到我过去所在的建平中学去讲过课，像今天这样连续五个多小时听李老师的报告，还是第一次，虽然对李镇西已经非常熟悉，但我仍然感到自己内心一次次的震撼。

一首班歌唱了三十年，我相信还会唱四十年，还会唱五十年乃至一百年。什么是教育？我不知道大家怎么理解，今天听了李老师这场报告以后大家是不是有新的理解。我经常想也经常问：教育是干什么的？李老师今天跟大家讲了很多的话语当中，有句话不断地出现："教育就是让孩子们留下非常美好的记忆"，"教育就是唤醒孩子们一幕幕美好的记忆"。我的理解：教育就是给孩子们创造精神家园。我不知道大家听了一天的报告之后，是否想过：假如你是李老师的孩子，你是李老师教的学生，你这一辈子的精神大厦是否高高矗立在你的心中而且永远不会抹去，这就是精神家园。

你们看李老师也没长两个脑袋，李老师也没长四只手，李老师也是普通人，李老师也是我们生活中经常见到的貌不惊人的一个普通老师。他做的事情我们有些老师或许也曾做过，然而不普通的是他一直坚持他的教育理想，一直坚持不懈地履行他对教育的承诺，几十年如一日，这就是难能可贵的。支撑他如此作为的就是他对教育的判断，就是他对教师职业的一种朴素的理解。他热爱教育，是因为他从骨子里热爱学生；他爱学生，超越了一切荣誉、一切奖励等等外在的东西；在他看来和孩子们在一起是最美好的事情，陪伴孩子们成长就像倾听花开的声音。朴素最美，幸福至上。

李老师认为教育是一种依恋，孩子对老师的依恋，也是老师对孩子的依恋；他说教育是一种理解，理解他人成长的生活；他对教育这些看法，很多话语都锤在我心里，都烙印在我的心头。我不知道大家什么感觉，他说幸福比优秀更重要，他的观点与我的看法有很多相似之处。

我曾经写过一篇文章《南辕北辙——教育家渐行渐远》，学校当然需要教育家，因此我们现在大谈教育家办学，这是因为我们政府非常急于把很多老师打造为教育家，我们给老师评职称，我们给老师颁发称号，我们给老师一个一个的奖章，但是最后的结果是什么，教育家渐行渐远了。原因就在于我们这样做，把很多老师引向外在的东西。

教育是内在的，你是不是真心喜欢教育，你真心热爱你的孩子吗？这些真正发自内心的东西才是有意义的东西。假如你不是真心热爱，你是热衷于所谓的名头，你是热衷于所谓的称号，你是热衷于所谓的职称，你是热衷于一次次所谓的表扬与批评等等，那你跟教育的真谛无缘。李老师说他为了带孩子们出去旅游，带孩子们去放松去玩耍，校长挡在门前，他一切都不顾，宁愿让学校扣工资，也要带孩子们春游，孩子的欢喜是最大的欢喜。

我也是教了三十多年书的人了，李老师能把原来不同届的学生叫出名字不算稀奇，我昨天非常惊讶的是，李老师居然能把所有孩子的生日都逐一点出，这是十分罕见的。他不只是说出几个孩子的生日，他教了这么多学生，他几乎把每一个学生生日都记在脑海当中，他把每一个学生都当作宝，每一个孩子都是宝贝啊！真的令人感动，只有真诚才会令人如此感动，假如是假的，假如是虚的，人们不会这样感动的。

李老师把和学生交往的每一件事情都当成经典。你们注意到了没有，他今天所说的这么多事情都成为教育的经典故事，原因是什么，因为他真诚地对待；原因是什么，他认真地对待；原因是什么，他想的绝不仅仅是现在，绝不仅仅是当下，他把每一件事情都当成经典来雕刻。哪怕学生们已经走了，哪怕他们已经毕业了，哪怕已经毕业了十几年乃至几十年，他还在惦记着他们。他把每一个细节都当成作品，把每一个和孩子们交往的教育教学的细节都当成作品来对待，每一件作品都融入了李老师的心和血。

今天上午和下午的报告中还有一个比例很高的词"好玩"，多有趣的词，李老师在和孩子们交往的过程当中他不是一本正经地做圣贤状，他不是一本正经给孩子讲一些大道理，你要这样做人，你要那样守纪，很多事都是潜移默化的，很多事情都是在玩的过程当中孩子和老师融入在一起了，这就有意思了。

李老师之所以是李老师，从思维方式的角度而言，也是有其特殊之处的。李老师刚讲到一个概念，就是我们要"研究"，他举了他所在学校的老师由于研究学生以后，教学态度马上发生转变。我们也"研究"一下李老师，我不知道大家注意到没有，我非常清晰地感受到李老师把"时间"出神入化地使用好了。或是把过去的时间拿过来使用，就是很善于把昨天的事情变成今天的教育资源。

不知大家注意到了没有，在讲课中他不断呈现孩子们过去的照片，孩子过去的很多细节，这对今天的孩子乃至他成人以后还是一种教育资源；或是把明天的时间拿过来使用，把未来拿到今天，他的班级就叫"未来班"，我们今天上午听到李老师讲的一个细节，武侯实验中学校庆十周年，李老师把承载着孩子们的想法、承载着老师们的想法，承载着老师和孩子心血的东西埋藏在地底下，一百年以后再打开，就是把未来拿到今天使用。

很多东西我们要突出他的教育效果，让孩子们产生终生难忘的印象，你今天看上去不怎么样，你昨天看上去不怎么样，但你把它放在历史的长河中，它一定就会"怎么样"！比如，李老师的班级史册，就是让瞬间成为永恒，班级史册其实就是要教会孩子们对待人生啊，李老师把时间出神入化地加以使用啊。用这样一种方式，用这样一种办法，让孩子们和老师的心脏一起跳动，和老师的思想一起思想，和老师与生活一起成长，很有意思。

我说看一个人要看他的文字，看一个老师要听他几堂课，听听他讲故事，要和一个老师的心灵接触，你听他的思维，你听他的心声，你听他的脉动，我们可以把他许许多多有趣的故事串在一起，然后再联想到我们的生活，就会有许多感悟。

不知道大家今天注意到没有，李老师用图片给我们呈现出一大摞他的著作，李老师非常勤奋，真可以用一个词"著作等身"来形容，我们图书馆里有很多李老师的书，希望老师们去翻阅一下，通过书本继续聆听李老师关于教育的真知灼见！再一次感谢李老师！

观课评课的视角

——评《瓦尔登湖》一课

【一次语文教师培养基地活动，三位老师上《瓦尔登湖》，之后大家评课，最后是我的评课。】

研究课的上课很重要，但更重要的还是评课，研究课的上课其实是给老师们研究评课竖一个靶子，或者是为讨论搭一个台子。刚才大家基本是从教学层面来谈的，而作为一个名师后备人选，可能不能仅仅局限在这个层面上，应该从课程的层面来谈。S 老师就是从课程层面来谈的，如果我们的评课都是仅仅站在教学来谈那就太狭隘了。我想评课应该有高度，不能就事论事，就课论课。

我从三个层面来看，最上位的是教育的角度。大家都承认《瓦尔登湖》是一篇伟大的作品，从育人的角度来谈，现在社会消解崇高、消解伟大，社会低俗、渺小的事情太多，人们面对低俗不觉低俗，面对渺小不觉渺小，而是津津乐道。法国总统萨科奇上任之初，新学期开始，法国全国 85 万名教师同时收到总统萨科奇一封信，他倡导"重建学校"，"培育对真、善、美、伟大与深刻事物的欣赏，对假、恶、丑、渺小与平庸事物的厌恶，这便是教育者为儿童所承担的工作，这便是对儿童最好的爱，这便是对儿童的尊重"。

第二是课程层面，Z 老师事先为我们出的评课提纲提到两个主要问题，一是最适合的教学内容是什么，一是学生通过这堂课学到什么。这两个问题的答案都要涉及这篇课文的教学目的，而教学目的的确定必须站在课程的角度，从高中整个语文教学来看，也就是我们要充分认识这篇文章在整个高中语文教材的意义和地位。刚才 S 老师谈了这篇文章作为一个近代外国优秀作品的一个代表我们如何让学生学会阅读，我们不能总是让我们的孩子停留在批判现实主义的久远年代，近一两百年的作品也应该教会学生读懂，读懂外国人的文化、读懂他们的思维。通过这篇文章的教学让一部分基础不是很好的同学知道还有这样一种作品，让文化底蕴较好的学生有更进一步阅读原著的愿望。

第三个层面是教学层面，这是一篇经典作品的鉴赏，所谓鉴赏第一步是要读进去，然后再跳出来，大家刚才都觉得此文难度大，学生很难读进去，恰恰在这个问题上，我们最要紧的是让孩子们读进去，以什么样的心境走进文本至关重要。J 老师的课开始我觉得挺好，请学生想象梭罗走在瓦尔登湖畔的时候是怎样的呼吸？怎样的脚步？我当时的感觉是觉得一只脚已经踏进去了，但很可惜，J 老师急急忙忙让学生讨论。应该让孩子们读，静静地读进去，想象自己就是梭罗，走进瓦尔登湖那个宁静的世界。J 老师害怕冷场，要讨论，要说话，而且节奏跳跃太快，找来找去，找什么圆涡，一下子进入问题意识，要解决什么问题，学生还没有进去就开始解决问题了。

　　我认为教学设计一定要逻辑化，但教学过程一定要自然化，顺着学生阅读的节奏来，一旦打乱了这个节奏，学生的兴致就减弱了许多。

　　Y老师朗读我觉得很好，让学生对文字感兴趣、对文字所描绘的画面感兴趣，但是节奏还可以慢点，还是快了一些。T老师语速更快，更不符合这篇文章的特点，T老师把这篇文章作为高考现代文来教，与文本风格不符，此文不能降格为高考的阅读材料，用太功利的教法走不进这篇文章的纯净的精神世界。

　　至于这篇文章超验主义写法，我觉得对中学生不必过多地讲理论，讲概念术语，还是要从文本出发，从语言出发，从文句出发，慢慢品读，学生总会有所感悟，学生悟到一点是一点。我也是第一次读这篇文章，我觉得这篇文章是用写实的笔法来写虚，是大写意，是大象征，让孩子们通过品昧有所得有所获就可以了。

　　今天评课我们交锋的不多，也许与文章本身有难度有关，今后评课我们还是要多讨论多碰撞，互相启迪。

什么是真正的尊重学生

——评郑朝晖执教《中国新诗的审美范式与民族心理》

【上海市语文名师培养基地展示活动，我们基地的郑朝晖老师上了一堂课，他的选材比较特殊，选择教材的附录来上，这是出乎大家意料之外的，我做了点评。】

郑朝晖老师选择《中国新诗的审美范式与民族心理》来上公开课，许多老师都感到很新鲜，因为这节课在许多学校的语文教学中，都被教师"放逐"了——不专门用一节课来教，只是让学生随便读读。

此文位于高中语文教材第一册"诗歌及其欣赏"单元的末篇，教材编者的本意也只是让它作为前面三篇现代诗歌文本的"背景"面目出现的，并无具体的教学任务要求，再加上课文内容属于专业性较强的论文，趣味性几乎没有，术语又很多，这些都是学生阅读的障碍，同时也减少了教学点的选择，这一切使许多语文教师认为此篇文章缺乏"可教性"，上公开课更是对这类文章避之唯恐不及。

选择什么东西来教，就体现出这个老师的气度。这是一节有探讨价值的课，是一节非常态的课，是一堂试验与探索的课。

这节课是有课程意识的。教学有三维：在事实层面上教什么，这是课程的问题；在技术层面上怎么教，这是教学的问题；在价值层面上为什么教，这是课程文化的问题。

目前我们大多数的教学研讨重心往往落在第二个层面，实际上更应该重视第一个层面的东西，而第三个层面课程文化的层面，当然更不能忽视。

这节课的教学目标是"论文的阅读方法指导"。那么追问一下，为什么是这个目标？从教材编者的意图来讲，是配在新诗课文的后面，读了文章，是要加深对新诗的理解。那为什么不从这个角度着眼呢？在这儿，教师实际上是从学生高中三年的发展着眼，为学生走向大学以后应该具备的阅读能力而考虑，在这个意义上，这个教学目标的确定，突破了教材编者的看法，从学生长远发展的实际需要出发。说他大气，就是指这个。

国家语委副主任、教育部语言文字信息管理司司长李宇明教授在接受记者访谈时曾经提到，不必把课标看作语文教学的不二规范，最好把它看作一种指引，看作一种提倡。中国太大了，文化、教育发展很不平衡，不应该幻想用一个课标来通管天下。如果不考虑各种差异性，不提倡多样性，语文教学无论如何也活跃不起来。《课标》不是唯一正确的，不要把《课标》当《圣经》，《课标》有时候也是值得推敲的。中国很大，各地的情况不一样，统一的课标难免会适应性不够，所以，课程的校本化很重要。教师确定教学目标，可以遵从教材的意图，有时候也可以另辟蹊径，弥补缺憾，换一个角度来教，同样能够达到效果。总之，教学目标的确定应该立足于培养学生的基点上。

这节课教了什么？教给学生阅读论文的方法。语文教师必须在课堂上教给学生一些基本的方法。目前语文课堂教学笼而统之的模糊东西太多了。在技术层面上教给学生一些方法是对的，有效的方法指导，技术化的方法指导，是能够提高学习效率的。我们这方面做得不够。

这节课在技术层面的方法指导上，做得比较好。由这一点出发，一个价值取向方面的问题就浮出来了：以学生发展为本，尊重学生。追问一句，究竟什么叫作尊重学生？我们在很多课堂中看到，教师在讨好、迁就、取悦学生，学生喜欢什么我们就做什么，投其所好。说白了，这是在讨好学生，是在降格。

有一种说法，要老师蹲下来教学，蹲下来老师和学生一样高，那还要你老师干什么？我以为所谓的教师蹲下身子与学生说话，是指人格上尊重学生，并不是教师要在知识层面上、理解层面上与学生平起平坐。

有一种思维方式最简便：回归原点。学校为什么存在？教师为什么存在？往往一位满身大汗讨好学生的教师，学生依然不喜欢。教师要能够"指引"学生，指导、引导学生，让学生做自己该做的事情。在这样的价值体系下，教师教出自己的思考和判断，教出教师独特的理解，才是真正的尊重学生。

我们的名师培养基地属于双名工程，要培养高端教师，"高"在哪里？应该"高"在教师的气质、思想力和判断力上。当下的教育时代是一个多元的时代，首先需要教师有相当的判断力和思想力。思想从哪里来？从读书学习中来、从文化熏陶中来、从交锋辩论中来。思想要从思想中来，要学习、思考，要读书、读脑，这是培养思想力的两条途径。我们的基地创造了一个环境，搭建了一个平台，就是希望大家通过阅读、思考、批判、辨析的交流，锻造大家的思想力和判断力。

提升教师修养，成就精彩课堂

——评郑朝晖执教《百代法书》

【上海市语文名师培养基地第一期学员教学展示，郑朝晖上了一堂《百代法书》，评课的时候，大家争议比较大，我发表了我的看法，我的评课被录像，引起了很多教师的兴趣。】

我们刚才都从各自的角度对郑朝晖老师这堂课给予了评价，大家的看法都有一定的道理，虽然在一些问题上有不同意见。比如这堂课郑老师讲得比学生讲得多，但是总体上，大家的意见还是比较一致的，各位的所评、所论还是比较求实的。下面我也谈谈我的一些看法。

按照一般的教学逻辑，我们通常都是从教学目标开始说起，今天评课我想打破常规，先从这堂课的效果说起。

所谓教学效果，我们一般都会从老师教得怎么样来评价。其实课堂是为学生服务的，为学生的成长发展服务，因此要评价老师教的怎样，关键看学生学得怎样，这堂课给学生带来什么变化。变化无非两个方面，一是认知方面，原来不知道什么，现在通过这堂课知道什么；原来不会什么，现在通过这堂课会了什么；二是情感方面，原来不喜欢什么，现在通过这堂课喜欢上什么。

郑朝晖老师这堂课，从认知角度而言，学生这堂课后关于法书有一个不太清晰的印象，干脆说就是一个十分模糊的印象；关于中国文化只是得出一个结论式的简单判断：天人合一；关于本文的章法写法、遣词造句，更是一无所知，因为这堂课根本就没有探讨这些问题。

如果从情感角度看，多数孩子对法书的确产生了喜爱，甚而产生了一种膜拜的心理，从孩子们的眼神可以看出，从孩子们的表情可以看出来，从孩子们的话语中可以看出来。这是被法书本身所征服，一张张中国古代经典书法作品呈现出来，有一种强烈的视觉冲击，更重要的是被郑朝晖老师的娓娓道来的赏析所征服，孩子们喜欢上了书法作品，这就是这堂课的效果所在，一堂课不可能达成许多目标，仅有这一项已经很不容易了。

看完了效果之后，我们回过头来再看郑朝晖老师这堂课的教学目标。

所谓教学目标，直白地说就是郑朝晖老师这堂课要干什么，他的目标是这样设置的：让学生"增进对于中国书法的审美体验。了解中国书法审美批评的思维方式从而了解中国文化终与之相关的核心内容"。我对此的理解是：照着教材要求，让学生了解一点书法，进而管窥一下中国文化的一个特性；这是最基本的目标。他还有更大的企图，他希望通过这堂课让孩子们喜欢上中国的书法，让他们欣赏之，进而膜拜之。

我们如何来评价这堂课的教学目标，首先我们要问一下，他这堂课为什么有如此目标取向？换句话说，他的这一课堂教学目标设置的依据是什么？第一是来自教材，单元导语中"领略汉字书法的神采"提示了本单元的教学目标。第二来自学生，学生有学习了解中国古代经典书法的必要，因为书法是中国灵魂的特有园地，是中国独有的审美样式，是华夏独特的文化载体，也可以说是中国语文的一个重要内容，事实也证明，孩子们通过这堂课对中国古代书法作品是欣赏认同的。可以这样说本篇课文内容的重要性超越了课文形式的重要性，或者这样说：书法（课文内容）的意义超过了这篇文章言语形式的意义。第三来自教师，郑朝晖老师由衷的热爱书法，他对书法有较深的造诣。

明确了课堂教学目标设置的依据之后我们应该给他下一个是非判断，首先这个目标是符合高中语文课程标准的。高中语文课程目标中有这样一段话："在阅读中……感受艺术和科学中的美，提升审美境界。通过阅读和鉴赏，深化热爱祖国语文的感情，体会中华文化的博大精深、源远流长。"因此是可以肯定的。

我们再追问一下：这样教学是否去语文化？是不是符合语文教学的基本要求？我以为对待这样一篇比较特殊的文章这样教学是可以的，但是如果所有的语文课文（或大多数文章）这样教就去语文化了。我同意王尚文老师在十年前提出了"其他学科重在'说什么'，语文学科则重在教'怎么说'"。"重在"意味着是重点但又不是全部，并不是"仅在"。因此我说一篇文章这样教是没有问题的。当然这样教，确实有去语文化的嫌疑，因为人们的思维习惯是以点带面，借一斑窥全豹，当然就是以偏概全的。

这样教，是好，还是不好，我们再给他下一个价值判断，我以为就这篇文章而言，如果把目标定在"怎么说"的言语形式上，当然也是可以的，但我以为不如郑老师的定位来得有价值，理由就是前面所说的内容特殊性。

看完了效果，看完了目标之后，我们再来讨论教学过程，看看整个教学过程是怎么实现教学目标、怎么达到较好的教学效果的。

郑老师在课堂上怎么做的？可以用两句话归纳概括：给几张图片看书

法，切一个小口看文化。

第一部分：给几张图片看书法。郑老师根据课文内容所涉及的古代经典书法作品，通过幻灯投影出来，形象刺激，给人非常直观的体验，加上郑朝晖老师娓娓道来的鉴赏分析，真的是赏心悦目，给学生留下了很深的印象，教师的目的——让学生"增进对于中国书法的审美体验"，可以说是达到的。

第二部分：切一个小口看文化。郑朝晖老师抓住一点进行分析，这篇文章从文字的角度讲，郑老师的教学只涉及评论王羲之的《上虞贴》的那几句话，以此让学生"了解中国书法审美批评的思维方式，从而了解中国文化中与之相关的核心内容"。这就是所谓的以点带面，借一斑窥全豹。从客观效果来说，学生确实知道了一点。但所谓中国文化"天人合一"的特点，学生并无深切的体会，显得有些勉强、匆忙，这样的逻辑结论下得草率。因为这样的逻辑推论常常是不牢靠的，以点带面，借一斑窥全豹常常就是以偏概全。

从教学方法来讲，整节课以教师的讲解为主。把整节课上师生讲话的内容用文字整理出来，我们立刻发现：教师讲的实在很多，占了80%；学生讲的实在太少，只占20%。这样的话语数量对比，我们很容易下一个结论，就是没有充分发挥学生的主体作用，没有体现学生的主动学习。

今天我们有一种流行判断，那就是：课堂上学生多说，就是以学生为主体，教师多说，就是以教师为主体，其潜台词就是没有以学生为主体。我以为这种判断是机械判断。课堂教学其实是非常复杂的，不是用一种简单的数量对比就能轻易下结论的，具体问题还是要具体分析。我的观点是相对于流行判断，正确的判断是：师生都是课程主体，将课堂还给老师和学生。

我们要讨论一下这堂课教师为什么要多说。先看教师在这堂课当中说了什么，这堂课教师说的主要是赏析解说课文中涉及的书法作品。再看教师为什么说，不妨追问一下教师不说行吗？很显然教师不说是不行的，因为关于古代书法作品学生是陌生的，学生缺乏相关的知识积淀和书法修养，学生无法与教师对话，如果硬要学生多说，一方面是难为学生，另一方面学生即使说，也是停留在浅表层次，说了等于没有说。

最后看看教师说得怎样，应该说郑朝晖老师说得好，说得正确到位，虽然说得很多，但话语简洁而不累赘，娓娓道来，说得流畅动听。

当然必须提到这样做的确有忽略学生主体作用的嫌疑，因为即使是一堂课，也可以给学生留下较多的空间，让孩子们自己去体验，比如第一部分可以省下一些时间。我们在其他课上还是应该多启发学生，让学生动起来。

最后想说一点感想，教师与学生虽然都是课程主体，但其作用是不同的，教师应该是学生精神的引路人，是学生学习的指导者。作为教师，不断提升自身人格修养、知识修养至关重要，尤其是背景性知识和本体性知识必不可少，如果郑朝晖老师缺乏相关的书法知识修养，这堂课的效果就一定大打折扣。

以阅读教阅读，以对话教阅读

——评张强执教《老王》

【张强老师的这堂课获得了上海市一等奖，应邀为之评课。】

观课评课有没有常规的几个角度，我以为是有的，我们虽然不必将评课模式化、套路化，但相对全面的视角、适当的程序也是需要的，当然每个人评课的角度、习惯未必相同。我评课一般从三个方面来考虑，第一，看这堂课老师上得怎么样；第二，看一看这堂课老师到底想干什么；第三，看过程，我们从他想干什么和上得怎么样这二者之间的关联，也就是他怎么来实现自己的课堂目标的角度来探讨。上次评郑朝晖老师上的《百代法书》是这样，这次评张强老师上《老王》，也打算这样。

我们先看第一个方面：这堂课上得怎么样？

课的效果如何，当然应该看学生的学习效果。从认知的角度来讲，同学们听过这堂课后，他们已经把文本读进去了，不少同学已经深入到文本的内涵当中去了。从情感的角度讲，同学们已经感知了作者在文章当中所表现出来的真挚情感。这些可以从孩子们在发言过程当中的那些话语、从孩子们表情当中可以看出来，从老师和孩子们对话交流当中看出来。有些地方不需要老师过多地指导，孩子们通过讨论，已经了解到文本内涵的一些意思；有些地方难度比较大，经过教师的点拨之后，孩子们领悟到其中的深刻内涵，最后从孩子们的朗读可以看出来，他们已经多多少少体会到了作者那种悲天悯人的情怀。应该说这堂课的教学效果是不错的。

通过这堂课，我们倒过来看，张强老师在这堂课他想达到什么样的目的？也就是说，这堂课的目标是什么？张老师想干什么？张老师在他的教案中提到两句话：第一句话，解读杨绛平和、冲淡的文字背后的文化内涵；第二句话，学习中国知识分子的豁达、忘我、悲天悯人的情怀。

很显然，他这个目标包含两个方面，第一个方面是认知目标。他想借助文本来感悟文本当中深厚的文化内涵，进而学习这类文章的阅读方式。第二个是情感方面的目标，情感方面的目标就是体验作者的情感，并接受这种情感的熏陶。

这两个目标为什么要这样设置？我的体会是，教学目标可以说是来自教材。我们这一模块学习的主题是文化名人模块，文化名人模块一个重要的目标就是感悟文化、熏陶情感，所以从这个意义上来讲，它和我们的教材本身有紧密关系；这篇文章是文化名人写的文化散文，其中的文化内涵是需要我们好好咀嚼的，所以这堂课的教学目标定位在体会文化内涵上面，我觉得是恰切的；再者，从学生成长的角度而言，我觉得讲中国知识分子的豁达、忘我、悲天悯人，对孩子们的积极影响也是显而易见的。所以基于这三个理由，我认为张老师所设置的教学目标是恰当的。

目标设置之后，张强老师是如何来实现的呢？他是用什么方式来达成他的课堂教学目标的呢？那我们看他是怎么做的。首先是以阅读教阅读，体现在：

第一，是课前阅读。这话的含义是什么？这是一篇有文化内涵的文章，那么作者的情感也都包含在许许多多的细枝末节当中。在字里行间当中流露出作者的情感，体现出作者对生活、对人生的一些认识，基于这一点，执教者张强老师做了前期的铺垫。让学生在课前大量阅读杨绛本人的作品。比方说，《我们仨》《干校六记》《丙午丁未年纪事》。这些前期阅读对于孩子们解读这篇文章，体会作者的情感很有好处。没有前面的铺垫，我们这篇文章的教学深入不下去。

第二，是课堂阅读。当问题出现之后，我们的老师反复提示孩子们看书，从文章当中去寻找问题的答案。

第三，是唤醒式阅读。在分析讨论的过程当中，教师不时地提醒孩子们，杨绛先生《干校六记》当中的一些话语，《我们仨》当中的一些话语等等。都是通过唤醒孩子们记忆，来帮助孩子们理解文本的例子。

第四，是推进式阅读。整堂课上完之后，张强老师还提供了一些书目，课后推进孩子们继续阅读相关著作，比方说，他推荐了《杨绛评传》，比方说，他推荐了《中国心像》，对一篇文章的解读不是一蹴而就的，一堂课我们只能理解相关的部分，但实际上真正的落实可能还有很长的过程。所以需要孩子们在课后继续阅读相关的著作，加深对作者的理解。

所以基于这四个理由，我认为，张强老师"以阅读教阅读"，这是第一个特点。

其次是"以对话教阅读"，这是第二个特点。什么叫"对话教阅读"呢？我们来看这篇文章的教学过程。课前，张老师就布置孩子们和大师对话、和作者对话、和文本对话，读了很多相关的东西，而且不仅仅是读，而是从文章当中提出自己的问题，和文本对话。

　　据张老师在课堂介绍的，孩子们一共提了 82 个问题，这就是和文本对话的结果。在课堂当中是老师和学生一块儿和文本进行对话，老师和学生之间对话，学生和学生对话，组成了一个对话空间。不时地围绕一个问题，我们的孩子们相互之间讨论，有的从这个角度来看，有的从那个角度来看，老师觉得他们的分析、他们的讨论如果不够到位的话，会加以适时点拨。老师有时也用问题的方式来引导学生的思考，因而营造了这么一个对话的空间，可以说整堂课就是阅读、思考、答问、对话贯穿着整个课堂教学始终。所以我认为它是一种"对话式教学"。

　　那么，为什么采取这种"对话式教学"方式呢？和今天的课程标准的要求很有关系。我们高中语文课程标准提到这样一句话，"阅读教学是学生、教师、教科书编者、文本之间的多重对话"。我们的课程标准就给我们的阅读教学下了这么一个定义。它是一种多重对话，是思想碰撞和心灵交流的动态过程，我觉得张强老师在这堂课当中，这个方面是把握得非常到位的。的确是体现了多重对话，也的确体现了一种心灵交流的动态过程。

　　我们再继续探讨第三个问题——老师的引导体现在哪里？这堂课，老师的话不多，但是老师说了什么，却十分关键。我们可以仔细看一下：

　　第一个方面出示问题。在课的开头，他出示的是"问题"，而这个"问题"是学生们在阅读文本时发掘出来的。当然这也是张强老师经过反复地比较、筛选，把"牵一发动全身"的问题提炼出来。可以说，这体现了问题来自学生，也体现了老师的引领作用。并不是所有的学生问题都是有价值的，并不是所有问题的重要性都是一致的，教师应该有挑选最重要、最有价值的问题的眼光。我们觉得这个可以说是个课堂"定向"吧。老师在"定向"方面起到了很好的作用。

　　第二个方面就是揭示矛盾。课文当中矛盾的地方，恰恰是我们应该着重阅读讨论的地方。比方说，我们张强老师这堂课，提过这么一个问题："他简直像棺材里倒出来的，就像我想象里的僵尸"，文章中"我"为什么会得出这样的感触？和"我"以前一贯的想法和对于老王的情感是不是有点矛盾？对这样的矛盾，把它揭示出来，以引起孩子们的思考。我觉得对于学生的思维发展也是非常重要的。

第三个方面就是指出错误。张强老师能适时指出，孩子们在回答问题在讨论问题当中，所犯的一些小小的错误，适时地给予提醒，适时地给予指导，不是简单的、一味地肯定，一味地肯定，坦率地讲，对孩子们的帮助是不大的。张强老师对孩子们在回答问题过程当中所暴露出来的错误，他给了一次次指点、纠正，这对于教师的课堂掌控能力的要求是很高的。

第四个方面就是引向深入。在讨论的过程当中，当孩子们在浅表层次上，在第一个层面上兜来兜去、不能深入下去的时候，张老师能够适时地加以点拨，把问题引向深入。比方说，我特别欣赏的是关于"组织"的讨论。"组织"这个概念，应该说在文章当中确实是值得注意的一个概念。老王因为没赶上趟，没有加入"组织"，而杨绛等人则是因为被"组织"遗弃了，也离开"组织"，两人都没有"组织"依靠，都是落单的人。所以从这个意义上来讲，从"组织"的角度去深入去挖掘，去体会那个时代、那个社会对人产生的重大影响，从而揭示作者文章中所刻画人物的情感、思想，我觉得是非常有意义的。老师这番话不说可以吗？当然是不行的。老师这些话语，对孩子们阅读文章，对孩子们深入把握文章内涵是很有价值的。

那么，我们再评价一下，张老师说得怎么样。应该说张老师的话语不多，但是他说得准确而到位，说的话语很简洁而不累赘，没有长篇大论的独白，没有夸夸其谈的说话方式，他的简洁、不啰嗦的话语的确给孩子们留下了比较深的印象。

　　假如说我们前面着重探讨张强老师这堂课的优势的话，我接下来想简单地点一下这堂课的遗憾：从这堂课来讲，张老师在情感的渲染方面我个人感觉还不够充分。给人的感觉是教师的课堂智慧非常鲜明，老师在课堂教学过程当中，驾驭课堂，点拨学生，体现出来的教学智慧是非常鲜明突出的。但是感觉到遗憾的是，文章本身所包含的那种浓浓的情感氛围还没有充分地挖掘出来。当然，这是我们更高的要求。

　　我们寄希望于张强老师在下一堂课当中能够上得更加精彩。

循循善诱，渐入文本深处

——评朱震国执教《荷花淀》

【朱震国老师的语文课有其特殊的魅力，在上海语文教学界颇有影响，应邀为之评课。】

朱老师这堂课是非常成功的，成功之处就在于学生由不太喜欢文本，到逐渐地走进文本，喜欢文本；学生由对文本所反映的时代的陌生感，到深入文本的细处，体会人物的情感，理解作者的用意；这堂课达到了教师预期的目标。

成功的原因在于执教者非常自然地引导学生自主阅读，引导学生自己体会，自己表达。课在十分自然的条件下导入，课堂的气场十分和谐，整堂课充满了学生会心的笑声。

课是从学生的兴趣开始聊起的，教师始终没有处于那种居高临下的姿态，而是十分亲切地和学生聊天，与学生形成一种伙伴关系。从学生喜欢文学作品聊起，孩子们表露出对课文不喜欢、对课文人物不喜欢的真实情感，执教者没有简单地否定学生，把学生教育一通，而是引导学生读课文，读课文第一段，体会文本创造的意境，学生一下子就被老师悄悄地带进去了，感受到文字所表现的环境很美、气氛很和谐。开头无疑是非常漂亮的，四两拨千斤，不经意间学生就转变了对文本的看法，愿意读下去，好的开头就是成功的一半。

接下来教师交代了阅读文本的要求，并让孩子们自己去阅读发现，阅读之后再进行班级交流。执教者采用了完全开放的态势，学生顺兴而谈，喜欢什么说什么，发现什么交流什么，这完全尊重学生阅读主体的主观感受，但这种方式操作起来是十分不易的，因为是非预设的，所以难以控制，甚而一不小心导致失控。这种开放式教法对教师要求很高，它需要教师对文本有很深、很全面的理解，每一个细枝末节都应该关注到，其次需要教师有非常敏锐的反应力，思维敏捷，针对学生的发言能够及时地发现问题，并迅速做出反应，给学生以有效的指导。应该说朱老师做到了，第一个交流的学生对文本的批评就暴露出问题来了，朱老师发现了之后，不是简单地批评指正，而是以一种巧妙的方式诱其深入，然后得出一个可笑的结果，于是让大家明白之后会心地笑了，这是老师高超之处，这种方法有点像议论文写作采用的归谬法，或者叫引申论证，按照学生自己的逻辑延伸下去得出一个非常明白的错误结论，从而实现对学生的有效指导。

对学生的指导还体现在当学生所谈局限于一个点的时候，老师善于抓住之后延伸开去，引导学生进行更广泛、更深入地研读、交流。当学生对"女人笑着问"的"笑"进行解读时，朱老师不失时机地把它延伸开去，提醒学生文章有三处很有意思的"笑"，让学生逐个去分析体会，充分领悟文章细节的妙处，充分体会人物细腻的感情，充分体会作者的思想用意。当阅读体验暂告一段落的时候教师又引导学生去想象、去创作"半年以后水生回来，夫妻之间的对话"，这种狗尾续貂的方法在作家创作中未必要用，但是在教学过程中不妨可以用用，因为这种方式其实是阅读的进一步深化，通过写作进一步体会作品的内容与形式。

课堂是一个场，经营不善，容易僵硬，但朱老师这堂课非常和谐，一堂课出现 20 次笑声，说明学生非常放松，大家是轻松愉悦的氛围中学习的，单就这一点而言就是很不容易的。这与朱老师对学生平等尊重的态度有关，这与朱老师敏锐的眼光、敏捷的思维有关，这与朱老师善于联想类比有关，这与朱老师身上幽默的气质也有关。

至于这堂课值得商榷的地方，我以为主要有两点，教师高度关注文本的细节，这是好事，但同样不能忽略文章的整体，这堂课对文章整体的关注还不到位，特别是没有让学生自己去充分感知、理解，只体现在教师的讲述上面，这当然是不够的；其次课中教师让学生去想象一下水生的长相，我以为大可不必，教师原本的用意是让学生闻其声，如见其人，所谓循声觅人，但以这种描述长相的方式来实现，显得机械，而且破坏了文本给学生带来的朦胧感，模糊的未必一定要显性化，模糊的本来很美，一旦显性化反而破坏了它的美感，事实上，从学生的回答可以看出，既与理解文本无关，而且显得有点琐屑。

本色语文从关注本色阅读开始

—— 评《孤独之旅》《半截蜡烛》

【2012 年 4 月 19 日，在上海市平和双语学校召开了本色语文教学研讨会，我应邀出席，并做了评课。】

首先感谢这次研讨活动的组织者给我一个机会来这里向老师们学习。今天评课我想讲三个问题：一是这两节课的老师做了什么；二是这两节课老师做得怎么样；三是还有什么研究的问题，即探讨一下还有没有更好的教学方法，或者说下一步我们应该怎么办。

老师做了什么?

第一节课是 C 老师执教的曹文轩写的《孤独之旅》。这是一堂初二的课。

C 老师首先朗读《草房子》一段话，这第一个环节其实是对文章背景的介绍，因为课文是节选，学生对原作不了解，通过这个环节让学生了解原作，了解主要人物的基本情况。

第二个环节教师请学生概述故事情节，目的很显然是梳理文章脉络，整体了解文章故事，这里教师先后让两个学生起来概述，教师希望学生更加简要清晰。

第三个环节是教师引导学生进入课文，教师让同学们从课文中寻找表现杜小康孤独的语句，开始切题了，让学生领会作者的主旨意图。

第四个环节教师请学生看书、交流杜小康的前后变化，暴风雨前的杜小康如何，暴风雨后的杜小康如何，这是教师引领学生进入文章的重点，深入理解文章的主要人物，教师特别提醒学生重要句子包括标点符号，理解杜小康的前后变化。

第五个环节教师引导学生品味文章的语言，重点放在文章的环境描写，以环境写人，品味孤独之笔，诸如"黄昏……唯一的炊烟……漂""鸭子"的烘托等等，让学生体会文章情景交融的语言，用 C 老师的话就是用美丽的语言写出孤独的魅力，体现文章的诗意之美。最后一个环节是请学生写赠言，进一步理解文章内涵，读写结合。

第二节课是 Z 老师执教的《半截蜡烛》。这是一节小学五年级的课。

第一个环节也是文章背景介绍，使用了音响效果，感觉不错。第二个环节进入阅读理解，教师请学生读课文，教师通过环环相扣的问题让学生思索回答，目的在于让学生进入文本、读懂内容，教学过程中教师特别重视语言，挑出一些代表性语言进行分析。第三个环节教师让学生给文章起个题目，然后与课文原题进行比较，通过比较让学生进一步把握文章线索，理解文章题意。

老师做得怎么样？

应该说这两节课中规中矩，目标明确，所涉及的几个环节都起到了作用，体现了本色语文的特征，着眼于语文，着眼于文本，着眼于语言，符合语文的基本要求。而第二节课占据了作为本班任课教师的优势，与学生关系和谐，整堂课师生之间呼应非常自然。

第二堂课还有一个明显长处，就是教师的问题设计是别具匠心的，层层追问，环环相扣。怎样的半截蜡烛？——藏有情报。怎样的情报？——绝密情报。为什么绝密？——关系到一家生命的生死、情报站的安危、战争胜败、民族存亡。如何保证情报的安全？——想出了一个绝妙的主意。是万无一失的主意吗？——并非如此，还是有较大风险。风险果真出现了吗？——风险真的出现了，德国军官顺手就拿了半截蜡烛。

教师让学生重点讨论当事人怎么办，伯诺德夫人干什么，结果怎么样；儿子杰克干什么，结果怎么样；小女儿杰奎琳做什么，结果什么样。通过讨论让学生理解人物心理、理解故事情节。

教师给学生提出的要求也是逐层递进的，先让学生静静地阅读，让学生读句子，读重点词，看有它无它有什么区别，让学生说出读懂了什么，再让学生试着读出你的理解。由此可以看出教师的问话逻辑是十分严谨的。

可以这样说，这两节课的教师教学都是非常成熟的，尤其是第二节课更显示出教师的教学功力非常老到。

能做得更好吗？

在充分肯定两堂课成效的基础上，我们还有什么可以研究的问题，即探讨一下还有没有更好的教学方法，或者说下一步我们应该怎么办。

本次教学研讨的主题是本色语文,所谓本色语文刚才黄厚江老师已经做了充分的阐述,说得通俗一点就是语文教学要做好本职工作。深圳的程少堂老师主张语文教学要有语文味;广东的郭思乐教授提出语文如水,语文无味;黄厚江老师提出本色语文;看起来他们之间好像主张不同,甚至还有互相冲突的地方,但是我以为其实他们有很多相同之处,最大的相同之处就是,语文教学要按照语文的教学规律来进行,要体现语文教学的本体性要求。

从这个意义上来分析这两节课,我们可以做进一步的探讨,这两节课都是阅读教学,要搞清楚什么是本色的阅读教学,我们首先要搞清楚什么是本色的阅读。我们通常是怎么看书阅读的,也就是一般人的阅读常态,我想除了语文教师的职业性阅读之外,绝大多数人的阅读是这样的:静静地独自阅读,读到好的地方把它划下来,进而点评批注,进而把它摘录下来,进而写出一篇读后感或评论出来,我称之为:读一读,划一划;读一读,批一批;读一读,摘一摘;读一读,评一评。这种读书方式是最自然的,最常态的,也是最有效的方式之一。而且能够培养读者的阅读兴趣。

但是今天的语文阅读教学恰恰是违背人的常态阅读方式,今天的语文阅读教学我称之为考试化模式。之所以称之为考试化模式,就是因为语文阅读的课堂教学就是围绕一篇文章,教师组织学生回答一连串的问题,今天的语文阅读考试就是这样,围绕一篇文章,让学生做很多题目,所以二者是相同的。这种方式的好处是目标聚焦,非常聚焦,解决几个问题就是教学的目标所在,因此看起来课堂教学效率比较高,但是这种教学方式的坏处是败坏了学生阅读的胃口,学生的阅读不是随性的,而是被动的,被一些莫名其妙的问题缠身,读书的兴致就没有了。今天这两节课就是典型的问题式教学模式,没有体现本色阅读。

即使是这种问题式教学模式，其实也有两种，一种是教师问，学生答；另一种是学生问，教师组织学生一起来讨论解决，同时教师也会根据学生的情况提出适当的问题，让学生思考讨论。前者是单向度的，根本算不上是对话教学；后者是多向度的，是师生之间，生生之间的对话教学。

不幸的是今天这两节阅读课走的就是第一种路子，即常见的公开课教学路子：我问你答，我提要求你去做（比如让学生找孤独句子）。教师让学生做什么，学生就做什么，教师牵着学生走。这种教学把学生排除在阅读主体之外，学生不是阅读主体了，教师的教学不是基于学生需求的教学，而是教师主观上想当然的教学。

学生应该成为阅读主体，学生在阅读的基础上提出问题，教师针对学生的问题，组织学生认真分析思考，加以讨论，教学做什么？就是让学生阅读，让学生说说：你看出什么，你是怎么看的，你为什么这样看？你质疑什么，你为什么这样质疑？教师针对学生的看法说出：你看得怎样，你的质疑是否有道理，给出恰切的帮助、指导和评价。

学生在这样的学习过程中难免会犯错误，但是从另一个角度讲，学生的错误也是一种教学资源，而且是重要的教学资源。针对学生的错误进行教学才能解决学生的真实问题，才能实现有效教学。从这两节课来看学生几乎没有犯什么错误。于是我们就有理由怀疑这两节课到底有多少效益了。

以上说的是教学模式、教学方法上如何做得更好一些，谈的还是相对宏观的问题。至于课文教学的具体问题也可以讨论讨论。第一节课《孤独之旅》课间听课的时候我和一起听课的孙绍振老师私下交流，孙老师的意思是如果把重点放在对"哭"字的分析上，似乎效果会更好一些。文章有几处写到杜小康的"哭"和"不哭"，为什么"哭"，为什么"不哭"，看出了人物的变化。茶歇的时候，也有一位老师说，如果让他来上，他会从三个方面概述文章的内容"孤独就是孤独"——"孤独不是孤独"——"孤独还是孤独"。

我想这两种说法都有一定道理，可以作为我们参考。我还有一个补充，那就是这节课我们还可以学习作者是如何表情达意的，所谓"达意"就是集中传达作者的意念、思想，本文作者就是按照自己的思想、主旨来选景、写景、写人，通过多样化的环境描写来共同烘托人物的孤独，借他人、他物、他景写孤独，借主要人物杜小康自己的心理来写孤独，所有的描写都是为主旨服务，这是作者的匠心所在，也是值得初中生学习之所在。

始终站在学生的角度来思考

——评《项链》《香菱学诗》《梦游天姥吟留别》教学

【2010 年 10 月 14 日，在上海市周浦中学，上海市郊区九区县"培训者的培训"研讨班高中学员开展语文教研活动，我在教师课堂实践活动上做了即兴评课。】

观课评课是语文教师常有的工作，刚才几位语文教师的评课可以归纳为几种角度：一种是从课程的角度，比如刚才庄老师就是从课程的角度评课；一种是从文学的角度，比如刚才贾老师是从文学的角度；一种是从思想精神的角度。

一般来说大多数的语文老师是从教学的角度来评课，其实从哪个角度评课并不重要，这本无所谓对错，重要的是要适切。我们在座的都是语文教学骨干，是所谓的培训者，从培训者的身份来说，我认为还是从课程角度评课好一些，相对更全面一些、更立体一些，可以兼容几种说法。当然我不是说我们每次评课都一定要从课程的角度来评，从其他的角度也可以，关键是你的评课要到位。

刚才我们都听了三堂语文课，三堂课所上的都是经典文学作品。前面大家都是用一个字一个词来形容一堂课，我也学习大家的做法，也分别用一个词来概括：

第一堂课是莫泊桑的《项链》，课上得有点"生"，生硬的"生"，上得不水，不润。"生"的原因在哪里？前面执教老师已经介绍了，她的这堂课和孩子们有一段距离，觉得这课不滑，不嫩，这课不水灵，有点生，有点涩。教师预设的问题很好，假设没有丢项链与实际丢了项链对比，假设是真项链与假项链对比，设计很好，但就是没有上好，教学的效果并不特别理想，"生"而有"憾"。

第二堂课上的是《香菱学诗》，老师设计的比较"全"，比较"熟"。驾驭课堂的方式和方法纯熟，老师上得很"熟"，执教老师认为碰到不太如意的学生因而她觉得有点累，虽然她表面上看不出累来。和孩子们交流的言语方式相对来讲也比较自然、比较柔和，设计比较全面，全面当中也有遗憾，"熟"而有"憾"，是因为全面、纯熟而带来的遗憾。

第三堂课，是李白的《梦游天姥吟留别》，执教老师自己说这堂课上的很苦、很累。苦而有"憾"，因为苦和累而带来的遗憾，这里不再赘述了。

三位老师的诸多遗憾点在哪里？"憾"因何而来？因为学生而来，学生呼应不起来。学生为什么呼应不起来，S老师很聪明，刚才任课教师自我陈述，她一上来就讲周浦中学的学生不算怎么好的，请大家谅解一下，孩子们的呼应度不高，还有不少的遗憾。

遗憾的来源就是学生的呼应度，包括我们大家比较满意的第二节课，呼应度也不是很好，不是让人很痛快，不是让人很欣赏。执教的老师也许认为是学生素质不够高，我看不是这么回事，我认为关键在于老师。原因何在？回到原点上来，我们语文教学改革，从课程的角度来讲，语文的特征是什么？我们再细化一下，语文教学到底干什么的？阅读课程到底干什么的？是基于什么样的目标来进行我们的教学？我们回到原点考虑，把基本的问题梳理清楚。

从课程的角度讲，语文阅读课程的目的无非是教人识文，教学生读懂文章；无非是教人识人，读懂社会，读懂社会的目的也是可以帮助读懂文章；无非是教人做人，让学生打下丰厚的文化底子。

回过头来，我们再看这三堂课。大家都知道，有一种说法。一个是教文，一个是教人，这两种说法都有它的道理，但我更倾向于把这两种说法统一到一起，变成一种说法。无非是通过教文来教人，现在流行的说法是，"是用教材教还是教教材"的概念。

我们回归原点考虑，语文教学无非是教人识文

教孩子读懂文章，从教孩子读懂文章的角度来讲，第一堂课设计的问题比较巧妙，也是让孩子读懂，包括第二堂课的前半部分，包括第三堂课的整体。

我们可以关注一下，就是这堂课完了之后，孩子们得到什么？我们老师的板书写得非常概括，非常精巧，孩子们得到了很多经过老师反复推敲、概括、提炼、比较而后得出的几个精当的概念或几个词。大家看是不是这样的：第一堂课关于项链的几个空让大家填一填；第二堂课是主动学诗，读诗，作诗，侧面描写，正面描写，刚才有老师评课还不太同意执教老师所认定的细节描写，我以为是不是细节描写不是问题，我关心的是：课上完之后我们的孩子们究竟留下了什么东西？大家也许认为我们语文课一直以来不就是这么教的吗？我们的教学经验就是这样的。

　　我前天在浦东的名师大会上讲了，我们都是一些学科带头人，基地主持人，骨干教师，我们在座的都是些名师，名师一般来讲都有经验，经验这个问题有两面性，经验的第一个好处在哪里呢？经验有一种在家的感觉，经验使人感觉非常熟悉，经验有助于解决我们身边的不少问题，我们教学过程中的很多问题可以通过经验来加以解决。但经验的最大问题在于经验的固化、保守化，经验的老化使得经验成为裹足不前、不能解决新问题的重要原因，就是我们大家觉得很正常，板书不就是这样几个字吗？我用最精练的几个字把它概括出来，"借项链、丢项链、发现项链是假项链，"是"丢项链"好，还是"失项链"好？这有意义吗，追问一下，站在孩子的角度，你教给孩子这些东西，有意义吗？香菱"品诗还是读诗"？香菱"写诗还是作诗"？这有意义吗？教师留下的这几个概念，对孩子来讲，有多大的意义？

　　我不知道大家有没有这样的想法，平时我们大家就是这样做的，那么，这些经验化的、固化的东西我们为什么就不能打上一个巨大的问号？站在孩子的角度来想一想，我们到底要孩子收获什么？我们的语文课到底让他们干什么？这堂课给孩子留下什么深刻的记忆？留下了什么东西？孩子上完这堂课之后，他剩下了什么东西？知道了什么东西？他掌握了什么东西？会了什么东西？课堂上让学生概括、概括、再概括，概括到最后，其实用一份练习就能解决的问题，为什么要放在课堂上来解决呢？

　　课堂上的时间是非常宝贵的，我们知道，语文抢不过任何学科，抢不过数学，抢不过外语，我们必须珍惜语文课堂上的时间，把最有价值的给学生。

　　所以语文课到底应该上什么？我们到底应该讲什么？我们到底应该让学生掌握什么？与最重要的相比这些概括性的东西并不是最重要的。

我们说，让学生归纳一个情节，让他归纳一个叫什么图好，这几幅图怎么说都无所谓的，坦率地讲，这个图有何意义呢？想想看这堂课，站在学生的角度来讲，我听了你这堂课我到底学到了什么，知道了些什么，我们是不是把这些问题想想清楚。

我们是教人识文，很重要的一点是教给孩子读文章的方法，让孩子拿到一篇他没有读过的文章，教他怎样读，你最终的目的是想让孩子读什么，读懂了这篇文章作者到底想说什么，这篇文章到底想告诉我们什么，作者的写作目的是什么，也就是主题。

主题从哪里来？刚才有人讲语文教学要从语言入手。从《项链》这堂课来看，我们为什么不让学生把课文好好读读？课文开头第一段就是"她也是一个美丽动人的姑娘，好像由于命运的差错，生在一个小职员的家里。"其实就是文眼所在，第一句话他要告诉我们什么，"也是"，为什么要说"也是"，他为什么要说"好像因为命运的差错"，"好像"，他不是说"真的"而是说"好像"，他其实是在告诉我们，这是命运的安排，那么说句到家的话，命运是什么，这篇文章到底想说什么，作者是真的想讽刺马蒂尔德吗？其实他是非常同情这个姑娘的。他开头的第一句话，"她也是一个美丽动人的姑娘"，她回头率很高的，她楚楚动人的，她就是家里条件差了一点儿而已，告诉读者，这样一个穷人家的孩子有这样一种想法，有这样一种追求，有这样一个美丽的梦想是正常的，大多数人都是这样的，这个年轻的美丽的女子最终没有实现她的梦想，命运玩弄了她一把而已。

假项链在讽刺谁？文章通篇没有讽刺马蒂尔德的意思，都是在同情她，她诚实守信，她吃苦耐劳，她有美丽作为资本，她向往那种奢华的生活，她的遭遇其实是社会的原因。

文章的"命运"是什么？就是当时的社会。为什么最后是假项链，说明当时的社会氛围就是那样，作者讲的是这个东西。为什么不教孩子读点文章呢，我不知道大家怎么想的，要去教孩子学会阅读。这是"教人识文"。

我们语文教学无非是要"教人识人"

这个"人"是涵义丰富的人，既是文章中的人，又是我们所说的社会人，又是我们生活在这样一个社会环境中的人，那么，"教人识人"，说到底，回到语文的角度来讲，你只有识了人，才能真正读得懂别人的文。从《香菱学诗》这堂课来看，香菱学诗的这一段真的是考虑让我们理解香菱的苦学乐学、好学爱学吗？我觉得不在这里。

T老师的课如果说是成功了，是成功在后半部分，后半部分略微跳开了一点。跳的还是不够的，只是略微跳开了一点。她是让孩子认识一个什么问题呢？这个作品到底干什么的？《红楼梦》的作者通过香菱这个人到底想表达什么，让读者知道香菱这个人，其目的是什么？借助香菱生平介绍，让学生理解香菱这个人，如此纯美高洁的女性最后是那样一个悲剧结局，一生坎坷，写香菱学诗就是表现她的纯美，再进而可以把香菱这个人和《红楼梦》其他美丽女性联系起来，她们最终都是悲惨结局，识人，识香菱，知香菱，甚至爱香菱，《红楼梦》的作者通过香菱这个人到底想表达什么，就是希望我们读者了解这个社会是一个怎样的社会。

我们语文教学的第三个目的就是教人做人

教人做人的目的还是在作文，我们常说"作文如做人"，做人和作文两者有着内在的联系。我们来看《梦游天姥吟留别》，这篇课文的价值在哪里，文本最核心的价值是什么呢？最重要的是什么？

这堂课执教老师提了几个"读"字，我们看他读了没有，孩子读了几遍？好像就读了一遍，我们没有看到第二遍。这篇文章很重要，就是要把它化在学生的血液当中。李白天生的那种气质，一般人所不具备的气质要化在我们孩子的血液当中，我们讲精神的意义就在这里，这个不是通过赏析来达到的。

我现在有一种想法，叫"可怕的赏析"，赏析的结果是最后留下几个核心概念，可怕吧。你给孩子留下几个干巴巴的词，这叫赏析吗？几个干巴巴的词。我们现在教学经常使用，包括我过去教学也是这样，写了什么，归纳一下；主要情节是什么，归纳一下；主要人物是谁，人物的特征是什么，归纳一下。这几个步骤在语文教学中经常出现，重合率之高让人可想而知。不是说这些东西不该教，而是说这些东西通过做几道题就可以训练出来的。

课堂上恰恰是应该把诗中李白那种骨子里的豪放、洒脱和不羁读出来。我们中国人为何要学汉语，要读古诗词，学语文重要的一点就是要让孩子知道他自己从哪里来的。

我们是华人，我们从哪里来，我们从诸子百家来，我们从唐诗宋词来；我们是华人，我们骨子里浸润的几千年来的骨血，骨血从哪里来，骨血就从这个唐诗宋词来，从沉淀下来的脍炙人口的优秀的文学作品中来。就是要让学生熟读成诵，把李白洒脱的气质，把李白奔放不羁的性格，把李白自由浪漫的性格化到学生的血液之中，这就要让学生把全诗背下来。很可惜整堂课几乎没有读两遍，对这样经典的诗歌不去背它，太亏了，我觉得太难过了，读得太少了。

赏析是干什么的？那种干巴巴的赏析有啥用啊。我们扪心自问，我们在追求什么东西？学生学到了什么东西？教师要让学生读，自己先要读出味道来。我听执教老师的嗓音是很好的，中气也是很足的，站在课堂上的开场白一下子就把人的精神振奋起来了，肯定能读出点味道来，把它吆喝起来，让孩子喜欢读这种诗，让孩子觉得这首诗有味道，让孩子觉得这节语文课有味道。

现在的语文教学正如苏霍姆林斯基所说：阅读得很少，而关于阅读的谈话却很多。我要说，整堂课是阅读很少，而关于阅读的无效、低效谈话却很多。这种所谓的赏析是十分可怕的赏析，因为它把有血有肉的文学作品变成干巴巴的几个词语。

三堂课共同的缺憾就在这里，学生没劲也正是在这里。

所谓的赏析就是用几个词归纳概括写了什么，接着就是归纳有什么特点，这个就是赏析了吗？学生一堂课上完之后就得到了几个抽象的概念、词汇，想项链和梦项链有啥区别，假项链和失项链有啥区别的必要？读诗还是品诗，作诗还是写诗，区别这些问题有什么意义？学生记住这些有什么作用？是动作描写，还是细节描写，有多大价值？

一堂《梦游天姥吟留别》上完之后，学生就记住了三个段落的大意，将梦境概括成：熊咆龙吟图、洞天石开图、群仙降临图，课堂这么宝贵的时间浪费在这里。

我们应该了解学生需要什么，学生缺少什么，这些是我们教师应该提供给他们的。学生常常缺少对作品的背景的了解，缺少对作品的整体了解，这些需要教师提供给他们；学生常常思之不深，教师通过点拨使学生深入下去；学生不会思考，教师教会学生思考的方法。

三堂课，坦率地讲，我们老师没有从学生的角度考虑问题。我是这样想的，如果能从孩子的角度多考虑一下，站在学生的角度来讲，你到底喜欢什么东西，到底欣赏什么东西，用教材教和教教材的不同在哪里，就在这里。

你心中没学生啊。孩子心中最缺什么，你恰恰没给他。他需要什么，孩子缺什么，我们知道吗？

这三篇文章，孩子缺什么我们知道吗？孩子最缺的我们常常忽略掉，我们没给他。

T老师的课好，好在哪里？她在前面给了他们不知道的一些材料，学生缺这个东西老师就给他这个东西呀，这个东西对理解这个人有好处呀。读懂什么叫香菱，读懂什么是美丽的姑娘，什么叫纯洁、善良、有雅趣的姑娘，这个材料就给得好呀，因为学生就缺这个东西啊。

刚才有位老师讲我们语文需不需要预习？他讲了一个常识性的东西，他说要不是公开课，有几个同学去给你预习呀？但是我们一个很重要的一点是什么，不能因为孩子不预习我们就不给他东西。

换句话说，我给他东西，他在课堂上看也可以呀。孩子缺什么东西，孩子需要什么东西，孩子不需要"丢项链、失项链还是假项链"，根本不要这些东西，这些词有啥意义呀。它就是一个归纳，就是一个概括，可怕的归纳，把语文变成了坚硬的几个莫名其妙的词儿。板书几个词这就变成语文了，这就是赏析了，这就是语文味了，这语文有味儿吗？没味道的，是不是这样？所以说，从这个意义上来讲，我觉得，我们需要在到底要教什么的问题上再搞搞清楚。而从评课的角度，从教学、从文学、从课程等角度来讲都离不开一点，就是站在学生的角度来思考。

我们对自己的过去，既要有肯定的态度，更要有敢于否定，敢于反思、敢于批评的态度，否则我们就没办法前进。

我们觉得这些是正常的，我们一贯都是这么教的，我这么教了十几年二十几年，也没有人说我不好，这就是经验对你的束缚。

所以说，我们大家要向贾军老师学习，你要是真教《红楼梦》的话，就要把《红楼梦》读好、读透，把自己对文本的体验、感悟读出来。只有那点归纳出来的脉络骨架是不行的，要有血有肉才好，要水灵灵的状态最好。我们不能把有血有肉丰满水灵的文学作品变成几个干枯的骷髅，我们应该还原作品的水灵、血肉丰满的状态，应该让作品活起来，活在学生的眼前，活在学生的心中。

就是说那种感性的东西你把它提炼出来，千万不要忽略了那些肉，那些水，那些血的东西，不要只剩下一个骨架，这个骨架是很可恶的，你想：一个骷髅你喜欢吗，再美的一个姑娘，只剩下一个骷髅，你喜欢吗？

还原，尽可能还原，还原它原本的那种状态，那种水灵灵的状态，那种有血有肉的活的状态，而不是那种骷髅的状态，不要只留一个骨架。

所以在我们语文教学的过程当中，有一点一定要注意，最好用句，而不要用简单的一个词来概括，这是最机械的方式。句子也不足以完全表情达意，但句子起码要比干枯的词要好得多，就是回到有血有肉的、栩栩如生的、活蹦乱跳的那个活的状态上来。其实句子已经很难，更何况几个骷髅般的词，我们当然需要概括。

就细节问题来说，三篇文章都是讲人，但是讲人时一定要讲人的行动逻辑，这个是孩子看不到的，或者是孩子忽略掉的，而它又是一个重要的东西。你把它忽略掉了，语文老师你在讲什么呢？

语文老师讲人就要讲人的行为逻辑，就是讲他的前因、讲他的后果，他之所以这样做，逻辑起点在哪里，他的逻辑关系是什么，为什么他只能这样做，他不这样做就不可能，这就是逻辑，这是关键所在，这就是性格。

最后回归评课本身，我们大家在一起评课就要说真话，说真实的、有意义的话，促动别人长进的话，说让他发展、让他提高的话。而不要说套话空话，无关痛痒的话，更不要说假话。